İDEAL YEMEK KİTABI 2022 ÇİKOLATA PROTEİN BARLARI

Kendi barlarınızı yapmak için 100 lezzetli ve besleyici tarif

Dilara Öztürk

Tüm hakları Saklıdır.

sorumluluk reddi

Bu e-Kitapta yer alan bilgiler, bu e-Kitabın yazarının hakkında araştırma yaptığı kapsamlı bir stratejiler koleksiyonu olarak hizmet etmeyi amaçlamaktadır. Özetler, stratejiler, ipuçları ve püf noktaları yalnızca yazar tarafından tavsiye edilir ve bu e-Kitabı okumak kişinin sonuçlarının yazarın sonuçlarını tam olarak yansıtacağını garanti etmez. E-Kitabın yazarı, e-Kitabın okuyucularına güncel ve doğru bilgiler sağlamak için tüm makul çabayı göstermiştir. Yazar ve ortakları, bulunabilecek herhangi bir kasıtsız hata veya eksiklikten sorumlu tutulamaz. E-Kitaptaki materyal üçüncü şahısların bilgilerini içerebilir. Üçüncü taraf materyalleri, sahipleri tarafından ifade edilen görüşleri içerir. Bu nedenle, e-Kitabın yazarı herhangi bir üçüncü taraf materyali veya görüşü için sorumluluk veya yükümlülük üstlenmez.

E-Kitabın telif hakkı © 2022'ye aittir ve tüm hakları saklıdır. Bu e-Kitabın tamamını veya bir kısmını yeniden dağıtmak, kopyalamak veya türev çalışmalar oluşturmak yasa dışıdır. Bu raporun hiçbir bölümü, yazarın yazılı ve imzalı izni olmadan herhangi bir biçimde çoğaltılamaz veya yeniden iletilemez veya herhangi bir biçimde yeniden iletilemez.

İÇİNDEKİLER

İÇİNDEKİLER 3
GİRİİŞ 7
ÇİKOLATA BARLARI VE KARELER 8
   1. VEGAN PROTEIN ÇUBUKLARI 9
   2. ŞIŞIRILMIŞ KINOA ÇUBUĞU 12
   3. MATCHA KAJU BARDAKLARI 14
   4. NOHUTLU ÇIKOLATA DILIMLERI 16
   5. MUZ ÇUBUKLARI 18
   6. ŞEKERLENMIŞ PASTIRMA ŞEKERLEME KARELERI 21
   7. ÇIKOLATALI PROTEIN FINDIK BARLARI 24
   8. ALMAN ÇIKOLATALI PROTEIN BARLARI 26
   9. ÜÇLÜ ÇIKOLATALI PROTEIN KEK BARLARI 28
   10. AHUDUDU-ÇIKOLATA BARLARI 31
   11. MÜSLI PROTEIN BARLARI 33
   12. KARA ORMAN KIRAZ BARLARI 35
   13. KIZILCIK PATLAMIŞ MISIR BARLARI 37
   14. MERHABA DOLLY BARLAR 40
   15. İRLANDA KREMALI BARLAR 42
   16. MUZ GIRDAP ÇUBUKLARI 44
   17. KABAK YULAF EZMESI HER ZAMAN KARELER 46
   18. KIRMIZI KADIFE KABAK BARLARI 49
   19. ŞEKERLENMIŞ CEVIZLI ÇIKOLATA KABUĞU 51
   20. CRUNCH BARLAR 53
   21. VEGAN ŞEKER BARLARI 56
   22. ÇIKOLATALI HINDISTAN CEVIZI PROTEIN BARLARI 59
   23. KONFETI BARLARI 61
   24. TUZLU KARAMELLI KAJU ÇUBUKLARI 64

25. FISTIKLI KARAMEL 67
26. ANAHTAR KIREÇ KARELER 69
27. ŞEKERLENMIŞ PASTIRMA ŞEKERLEME KARELERI 71
28. KARAMELLI CEVIZ RÜYA BARLARI 74
29. KRONIK CEVIZLI ÇUBUKLAR 76
30. BADEM EZMESI CHIA KARELERI 78
31. ÇIKOLATALI PROTEIN FINDIK BARLARI 81
32. ALMAN ÇIKOLATALI PROTEIN BARLARI 83
33. YABANMERSINI BLISS PROTEIN BARLARI 86
34. ÇIKOLATA PARÇALI FISTIK EZMESI PROTEIN BARLARI .. 88
35. HAM KABAK KENEVIR TOHUMU PROTEIN BARLARI 90
36. ZENCEFILLI VANILYA PROTEINI ÇITIR ÇUBUKLARI 92
37. FISTIK EZMELI PRETZEL BARLARI 94
38. KIZILCIK BADEM PROTEIN BARLARI 96
39. ÜÇLÜ ÇIKOLATALI PROTEIN KEK BARLARI 98
40. AHUDUDU-ÇIKOLATA BARLARI 101
41. FISTIK EZMELI KURABIYE HAMUR BARLARI 103
42. MÜSLI PROTEIN BARLARI 105
43. HAVUÇLU KEK PROTEIN BARLARI 107
44. PORTAKAL VE GOJI BERRY BARLARI 110
45. ÇILEKLI OLGUN PROTEIN BARI 112
46. MOKA PROTEIN BARLARI 114
47. MUZLU ÇIKOLATALI PROTEIN BARLARI 116
48. GÖKSEL HAM BARLAR 118
49. CANAVAR ÇUBUKLARI 120
50. YABANMERSINI PARÇALAMA ÇUBUKLARI 122
51. SAKIZLI BARLAR 124
52. TUZLU FINDIKLI RULO BARLAR 126
53. KARA ORMAN KIRAZ BARLARI 128
54. KIZILCIK PATLAMIŞ MISIR BARLARI 130
55. MERHABA DOLLY BARLAR 132

56. İRLANDA KREMALI BARLAR 134
57. MUZ GIRDAP ÇUBUKLARI 136
58. BALKABAKLI CHEESECAKE BARLARI 138
59. GRANOLA BARLARI 140
60. KABAK YULAF EZMESI KARELER 142
61. KIRMIZI KADIFE KABAK BARLARI 145
62. KARLI LIMON BARLARI 147
63. KOLAY KARAMELA ÇUBUKLARI 149
64. VIŞNELI BADEMLI BAR 151
65. KARAMEL CRUNCH BARLAR 153
66. YULAF EZMESI BARLARI 156
67. CHEWY CEVIZLI BARLAR 158
68. ÇIKOLATA PARÇALI KURABIYE HAMUR PROTEIN BARLARI 161
69. YULAF EZMELI ÜZÜM KURABIYE PROTEIN BARLARI 164
70. BEYAZ ÇIKOLATALI MACADAMIA PROTEIN BARI 167
71. KIRMIZI KADIFE KEK FUDGE PROTEIN BARLARI 170
72. TARÇINLI RULO PROTEIN KARELERI 174
73. ALMAN ÇIKOLATALI KEK PROTEIN BARLARI 178
74. DOĞUM GÜNÜ PASTASI PROTEIN BARLARI 182
75. HAVUÇLU KEK PROTEIN BARLARI 185
76. YEDI KATMANLI BAR PROTEIN BARLARI 188
77. BALKABAĞI TURTASI PROTEIN BAR ISIRIĞI 191
78. PEKAN PASTA PROTEIN BARLARI 194
79. TIRAMISU PROTEIN BARLARI 197
80. S'MORES PROTEIN BARLARI 200
81. NUTELLA FUDGE PROTEIN BARLARI 203
82. MOCHA FUDGE PROTEIN BARLARI 206
83. KARAMEL MACCHIATO PROTEIN BARLARI 209
84. NANE ÇIKOLATALI PROTEIN BARLARI 212
85. MILYONERIN PROTEIN BARLARI 216
86. SCOTCHEROO PROTEIN BARLARI 220

87. ELVIS PROTEIN BARLARI 223
88. FISTIK EZMESI VE JÖLE PROTEIN BARLARI 226
89. MATCHA YEŞIL ÇAY BADEM FUDGE PROTEIN BARLARI 229
90. SÜPER YEŞILLER FUDGE PROTEIN BARLARI 232
91. POMPALANAN PROTEIN BARLARI 235
92. RENDELENMIŞ PROTEIN BARLARI 238
93. BEEFCAKE PROTEIN BARLARI 242
94. BUFF PROTEIN BARLARINDA 246
95. PROTEIN BARLARINDA YARIŞALIM 249
96. SAĞLIKLI TOMBUL KOCA PROTEIN BARLARI 253
97. GÜÇLÜ PROTEIN BARLARI 256
98. DINAMIK PROTEIN BARLARI 259
99. İKILI PROTEIN BARLARI 262
100. ÇIKOLATALI PROTEIN BARLARININ ÖLÜMÜ 265

ÇÖZÜM 269

GİRİŞ

Çikolataların Tarihi

Pürüzsüz, zengin sütlü bir barı ısırmadan önce, çikolataların her zaman bu kadar tatlı olmadığını bilmelisiniz. Geleneksel olarak acı bir içecekti. Çikolatalar başlangıçta Orta Amerika'nın tropikal yağmur ormanlarında bulundu.

Çikolatalar, Mezoamerikalılar tarafından yetiştirildi ve eski kabile, çikolataların gizemli güçler içerdiğine inanıyordu. Ayrıca afrodizyak özellikleri ve manevi nitelikleri ile biliniyordu. Kakao çekirdeği Mayalar tarafından ibadet edildi. Ve sadece en soylu devlet adamları, hükümdarlar, savaşçılar ve rahipler için ayrılmıştı. Aynı zamanda Maya bölgesinde bir para birimiydi.

1828'de kakao presi kuruldu. Bu makine kakao yağını ve kakao tozunu kakao çekirdeklerinden ayıracaktır. 1887'de İsviçreli bir çikolatacı, karışıma süt koymaya karar verdi. Sütlü çikolatayı uzun süre saklamanın bir yolunu arıyordu ve böylece sütlü çikolata dünyaya tanıtıldı. O andan itibaren, Çikolatalar kitlelere kolayca ulaşabiliyordu. Pazarlama ve daha fazla üretim ile çikolata artık herkesin tadını çıkarabileceği bir incelik haline geldi.

ÇİKOLATA BARLARI VE KARELER

1. Vegan protein çubukları

İçindekiler:
- 1/3 bardak amaranth.
- 3 yemek kaşığı vanilya veya tatlandırılmamış vegan protein tozu.
- 1 1/2-2 yemek kaşığı akçaağaç şurubu.
- 1 su bardağı kadifemsi tuzlu fıstık veya badem ezmesi
- 2-3 yemek kaşığı eritilmiş bitter vegan çikolata.

Talimatlar

a) Orta-yüksek sıcaklıkta büyük bir tencereyi ısıtarak amaranth'ınızı patlatın.

b) Orta boy bir karıştırma kabına fıstık veya badem yağı ve akçaağaç şurubu ekleyin ve bütünleştirmek için karıştırın.

c) Protein tozu ekleyin ve karıştırın.

d) Gevşek bir "hamur" dokusu elde edene kadar patlamış amaranth'ı birer birer ekleyin. Çok fazla eklememeye dikkat edin, aksi takdirde çubuklar yapışkanlıklarını kaybedebilir ve birbirine yapışmaz.

e) Karışımı fırın tepsisine aktarın ve eşit bir tabaka oluşturmak için aşağı doğru bastırın. Parşömen kağıdını veya plastik sargıyı üstüne koyun ve karışımı bastırmak ve eşit, güçlü bir şekilde paketlenmiş bir katmana yüklemek için sıvı ölçüm kabı gibi düz tabanlı şeyler kullanın.

f) 10-15 dakika veya şirket dokunana kadar ayarlamak için dondurucuya aktarın. Sonra kaldırın ve 9 bara dilimleyin. Olduğu gibi tadın veya biraz eritilmiş bitter çikolata serpin.

g) Bunlar oda sıcaklığında biraz yumuşar, bu nedenle buzdolabında (yaklaşık 5 gün) veya derin dondurucuda saklayın.

2. Şişirilmiş kinoa çubuğu

İçindekiler:
- 3 yemek kaşığı hindistan cevizi yağı.
- 1/2 su bardağı ham kakao tozu.
- 1/3 bardak akçaağaç şurubu.
- 1 yemek kaşığı tahin
- 1 çay kaşığı tarçın.
- 1 çay kaşığı vanilya tozu.
- Deniz tuzu.

Talimatlar

a) Küçük bir tavada orta-düşük ısıda hindistancevizi yağı, çiğ kakao, tahin, tarçın, akçaağaç, şurup ve vanilya tuzunu birlikte daha koyu bir çikolata karışımı olana kadar eritin.

b) Haşlanmış kinoanın üzerine çikolata sosunu koyun ve iyice karıştırın. Büyük bir çorba kaşığı çikolatalı kıtırları küçük fırın kaplarına alın.

c) Sertleşmeleri için en az 20 dakika buzlukta bekletin. Dondurucuda saklayın ve afiyetle tüketin!

3. Matcha kaju bardak

İçindekiler:

- 2/3 su bardağı kakao yağı.
- 3/4 su bardağı kakao tozu.
- 1/3 bardak akçaağaç şurubu.
- 1/2 su bardağı kaju yağı veya istediğiniz herhangi biri.
- 2 çay kaşığı matcha tozu.
- Deniz tuzu.

Talimatlar:

a) Küçük bir tavaya 1/3 su bardağı su doldurun ve üzerine tavayı kapatacak şekilde bir kap yerleştirin. Kase ısınıp alttaki su kaynayınca kasenin içindeki kakao yağını eritin, ateşi açın ve. Eridikten sonra ocaktan alın ve akçaağaç şurubu ve kakao tozunu çikolata koyulaşana kadar birkaç dakika karıştırın.

b) Orta boy bir kapkek tutucu kullanarak alt tabakayı cömert bir çorba kaşığı çikolata karışımıyla doldurun. Tüm kek kaplarını doldurduğunuzda, donması için 15 dakika dondurucuya koyun.

c) Dondurulmuş çikolatayı dondurucudan çıkarın ve donmuş çikolata tabakasının üzerine 1 yemek kaşığı büyüklüğündeki matcha/kaju tereyağı hamurunu dökün. Bu yapılır yapılmaz kalan erimiş çikolatayı her parçanın üzerine üzerini örtecek şekilde dökün. Üzerine deniz tuzu serpin ve dondurucuda 15 dakika bekletin.

4. Nohutlu çikolata dilimleri

İçindekiler:

- 400 gr nohut, durulanmış, süzülmüş olabilir.
- 250 gr badem yağı.
- 70 ml akçaağaç şurubu.
- 15 ml vanilyalı macun.
- 1 tutam tuz.
- 2 gr kabartma tozu.
- 2 gr kabartma tozu.
- 40 gr vegan çikolata parçaları.

Talimatlar

a) Fırını 180°C/350°F'ye önceden ısıtın.

b) Hindistan cevizi yağı ile büyük fırın tepsisini yağlayın.

c) Nohut, badem yağı, akçaağaç şurubu, vanilya, tuz, kabartma tozu ve kabartma tozunu bir gıda karıştırıcısında birleştirin.

d) Pürüzsüz olana kadar karıştır. Çikolata parçalarının yarısını karıştırın, meyilli hazırlanan fırın tepsisine yayın.

e) Rezerve edilmiş çikolata parçaları serpin.

f) 45-50 dakika veya batırdığınız kürdan temiz çıkana kadar pişirin.

g) 20 dakika boyunca bir tel raf üzerinde soğutun. Dilimleyip servis yapın.

5. Muz çubukları

İçindekiler:

- 130 gr pürüzsüz fıstık ezmesi.
- 60 ml akçaağaç şurubu.
- 1 muz, ezilmiş.
- 45 ml su.
- 15 gr öğütülmüş keten tohumu.
- 95 gr pişmiş kinoa.
- 25 gr chia tohumu.
- 5 ml vanilya.
- 90 g hızlı pişirme yulaf.
- 55 gr tam buğday unu.
- 5 gr kabartma tozu.
- 5 gr tarçın.
- 1 tutam tuz.

Süsleme:

- 5 ml eritilmiş hindistan cevizi yağı.
- 30 gr vegan çikolata, doğranmış.

Talimatlar

a) Fırını 180°C/350°F'ye önceden ısıtın.

b) 16 cm'lik fırın tepsisini parşömen kağıdıyla hizalayın.

c) Küçük bir kapta keten tohumu ve suyu birleştirin. 10 dakika kenara koyun.

d) Ayrı bir kapta fıstık ezmesi, akçaağaç şurubu ve muzu birleştirin. Keten tohumu karışımını katlayın.

e) Pürüzsüz bir karışım elde ettikten sonra kinoa, chia tohumları, vanilya özü, yulaf, tam buğday unu, kabartma tozu, tarçın ve tuzu karıştırın.

f) Hamuru hazırlanan pişirme kabına dökün. 8 bara kesin.

g) Barları 30 dakika pişirin.

h) Bu arada üstünü yapın; çikolata ve hindistancevizi yağını ısıya dayanıklı bir kapta birleştirin. Kaynayan suyun üzerine eriyene kadar oturtun.

i) Çubukları fırından çıkarın. 15 dakika soğuması için bir tel raf üzerine yerleştirin. Çubukları fırın tepsisinden çıkarın ve üzerine çikolata sosu gezdirin. Servis.

6. Şekerlenmiş pastırma şekerleme kareler

İçindekiler:
- 8 dilim pastırma
- ¼ fincan açık kahverengi şeker, sıkıca paketlenmiş
- 8 yemek kaşığı tereyağı, yumuşatılmış
- 2 yemek kaşığı tuzsuz tereyağı, yumuşatılmış
- ⅓ fincan koyu kahverengi şeker, sıkıca paketlenmiş
- ⅓ fincan şekerleme şekeri
- 1½ su bardağı çok amaçlı un
- ½ çay kaşığı tuz
- ½ fincan şekerleme parçaları
- 1 su bardağı bitter çikolata parçaları
- ⅓ su bardağı kıyılmış badem

Talimatlar

a) Fırını 350°F'ye (180°C) ısıtın. Orta boy bir kapta pastırma ve açık kahverengi şekeri atın ve bir fırın tepsisine tek bir tabaka halinde düzenleyin.

b) 20 ila 25 dakika veya pastırma altın ve gevrek olana kadar pişirin. Fırından çıkarın ve 15 ila 20 dakika soğumaya bırakın. Küçük parçalar halinde doğrayın.

c) Fırın sıcaklığını 340°F'ye (171°C) düşürün. 9×13 inçlik (23×33 cm) bir fırın tepsisini alüminyum folyo ile hizalayın, yapışmaz pişirme spreyi sıkın ve bir kenara koyun.

d) Büyük bir kapta, tereyağı, tuzsuz tereyağı, koyu kahverengi şeker ve şekerlemelerin şekerini, hafif ve kabarık olana kadar orta hızda bir elektrikli karıştırıcı ile karıştırın. Çok amaçlı un ve tuzu yavaş yavaş ekleyin, sadece birleştirilene kadar karıştırın. ¼ fincan şekerleme parçalarını eşit şekilde dağılıncaya kadar karıştırın.

e) Hamuru hazırlanan tavaya bastırın ve 25 dakika veya altın rengi kahverengi olana kadar pişirin. Fırından çıkarın, üzerine bitter çikolata parçaları serpin ve cipsler yumuşayana kadar 3 dakika bekletin.

f) Yumuşatılmış çikolatayı üstüne eşit şekilde yayın ve badem, şekerlenmiş pastırma ve kalan ¼ fincan şekerleme parçalarını serpin. 2 saat veya çikolata katılaşana kadar soğumaya bırakın. 16 adet 2 inç (5 cm) kareye kesin.

g) Depolama: Buzdolabında hava geçirmez bir kapta 1 haftaya kadar saklayın.

7. Çikolatalı Protein Fındıklı Barlar

Porsiyon: 12 bar Hazırlama süresi: 1 saat

İçindekiler:
- %100 saf fıstık ezmesi, 250 gr
- Kavrulmuş gerdan tohumu, 1 ½ çay kaşığı
- Yağsız sade yoğurt, 110 gr
- %100 Peynir altı suyu protein tozu, 100 gr
- Tarçın, 1 ½ çay kaşığı
- Ham kakao uçları, 4 çay kaşığı
- %85 bitter çikolata, 100 gr
- Saf vanilya özü, 1 yemek kaşığı
- %100 Bezelye protein tozu, 30 gr

Talimatlar
a) Çikolata dışındaki tüm malzemeleri mutfak robotuna ekleyin ve pürüzsüz olana kadar çekin.
b) Karışımdan 12 bar yapın ve 30 dakika buzdolabında bekletin.
c) Çubuklar sertleştiğinde, çikolatayı mikrodalgada eritin ve her bir çubuğu içine daldırın ve iyice kaplayın.
d) Kaplanmış çubukları astarlı bir tabaka üzerine yerleştirin ve tekrar 30 dakika veya çikolata sertleşene kadar soğutun.
e) Zevk almak.

8. Alman Çikolatalı Protein Barları

Porsiyon: 12 bar

İçindekiler:
- Yulaf, 1 su bardağı
- Rendelenmiş hindistan cevizi, ½ su bardağı + ¼ su bardağı, bölünmüş
- Soya proteini tozu, ½ su bardağı
- Cevizler, ½ su bardağı + ¼ su bardağı, doğranmış, bölünmüş
- Su, ¼ bardak kadar
- Kakao tozu, ¼ su bardağı
- Vanilya özü, 1 çay kaşığı
- Kakao uçları, 2 yemek kaşığı
- Tuz, ¼ çay kaşığı
- Medjool tarihleri, 1 su bardağı, çekirdekleri çıkarılmış ve 30 dakika ıslatılmış

Talimatlar:
a) Yulafları ince un haline gelene kadar işleyin, ardından kakao tozu ve protein tozunu ekleyin, tekrar işleyin.
b) Bu sırada hurmaları süzün ve mutfak robotuna ekleyin. 30 saniye boyunca nabız attıktan sonra ½ fincan rendelenmiş hindistan cevizi ve ½ fincan ceviz, ardından tuz ve vanilyayı ekleyin.
c) Tekrar işleyip azar azar su ekleyerek hamur haline getirin.
d) Hamuru büyük bir kaba koyun ve kalan cevizleri ve hindistancevizi, ardından kakao uçlarını ekleyin.
e) Hamuru parşömen kağıdına koyun ve başka bir parşömenle örtün ve kalın bir kare oluşturun.

f) 2 saat buzdolabında bekletin, ardından parşömen kağıdını çıkarın ve istediğiniz uzunlukta 12 çubuk halinde dilimleyin.

9. Üçlü Çikolatalı Protein Kek Barları

İçindekiler:
- Yulaf unu, 1 su bardağı
- Kabartma tozu, ½ çay kaşığı
- Badem sütü, ¼ su bardağı
- Çikolatalı peynir altı suyu protein tozu, 1 ölçek
- Stevia pişirme karışımı, ¼ fincan
- Badem unu, ¼ su bardağı
- Bitter çikolata parçaları, 3 yemek kaşığı
- Tuz, ¼ çay kaşığı
- Ceviz, 3 yemek kaşığı, doğranmış
- Şekersiz koyu kakao tozu, 3 yemek kaşığı
- Şekersiz elma sosu, 1/3 su bardağı
- Yumurta, 1
- Sade Yunan yoğurdu, ¼ fincan
- Sıvı yumurta akı, 2 yemek kaşığı
- Vanilya peynir altı suyu protein tozu, 1 ölçek

Talimatlar

a) Fırını 350 F'ye ısıtın.
b) Bir fırın tepsisini pişirme spreyi ile yağlayın ve bir kenarda bekletin.
c) Büyük bir kapta her iki unu, tuz, kabartma tozu, protein tozu ve koyu kakao tozu ile birleştirin. Kenarda tut.
d) Başka bir kapta yumurtaları stevia ile çırpın ve iyice karışana kadar çırpın, ardından kalan ıslak malzemeleri ekleyin ve tekrar çırpın.
e) Islak karışımı yavaş yavaş kuru karışıma karıştırın ve birleştirmek için iyice çırpın.

f) Ceviz ve damla çikolatayı ilave edip yavaşça karıştırın.
g) Karışımı hazırlanan tavaya aktarın ve 25 dakika pişirin.
h) Tavadan çıkarmadan ve dilimlemeden önce soğumaya bırakın.

10. Ahududu-Çikolata Barları

İçindekiler:
- Fıstık veya badem ezmesi, ½ su bardağı
- Keten tohumu, ¼ fincan
- Mavi agav, 1/3 su bardağı
- Çikolata protein tozu, ¼ fincan
- Ahududu, ½ su bardağı
- Anında haddelenmiş yulaf, 1 su bardağı

Talimatlar

a) Fıstık ezmesini agav ile birleştirin ve sürekli karıştırarak kısık ateşte pişirin.
b) Karışım pürüzsüz bir doku oluşturduğunda yulaf, keten tohumu ve proteine ekleyin. İyice karıştırın.
c) Ahududu ekleyin ve yavaşça katlayın.
d) Hamuru hazırlanan tavaya aktarın ve bir saat dondurun.
e) Sertleştiğinde 8 bara dilimleyin ve keyfini çıkarın.

11. Müsli Protein Barları

İçindekiler:
- Şekersiz badem sütü, ½ su bardağı
- Bal, 3 yemek kaşığı
- Quinoa, ¼ fincan, pişmiş
- Chia tohumu, 1 çay kaşığı
- Un, 1 yemek kaşığı
- Çikolata protein tozu, 2 kaşık
- Çikolata parçaları, ¼ fincan
- Tarçın, ½ çay kaşığı
- Olgun muz, ½, ezilmiş
- Badem, ¼ fincan, dilimlenmiş
- En sevdiğiniz markadan 1 ½ fincan müsli

Talimatlar

a) Fırını 350 F'ye ısıtın.
b) Badem sütünü muz püresi, chia tohumu ve bal ile orta boy bir kapta karıştırın ve bir kenarda bekletin.
c) Başka bir kapta kalan malzemeleri birleştirin ve iyice fırlatın.
d) Şimdi badem sütü karışımını kuru malzemelerin üzerine dökün ve her şeyi iyice katlayın.
e) Hamuru bir tavaya aktarın ve 20-25 dakika pişirin.
f) Tavadan çıkarmadan ve dilimlemeden önce soğumaya bırakın.

12. Kara Orman Kiraz Barları

İçindekiler:

- 3 21 oz. kutular kirazlı turta doldurma, bölünmüş
- 18-1 / 2 ons paket çikolatalı kek karışımı
- 1/4 su bardağı sıvı yağ
- 3 yumurta, çırpılmış
- 1/4 su bardağı vişne aromalı brendi veya vişne suyu
- 6 onsluk paket yarı tatlı çikolata parçaları
- İsteğe bağlı: çırpılmış tepesi

Talimatlar

a) Soğuyana kadar 2 kutu turta dolgusunu soğutun. Düşük hızda bir elektrikli karıştırıcı kullanarak, kalan kutu turta dolgusu, kuru kek karışımı, yağ, yumurta ve brendi veya vişne suyunu iyice karışana kadar çırpın.

b) Çikolata parçacıklarını karıştırın.

c) Hamuru hafifçe yağlanmış 13 "x9" fırın tepsisine dökün. Bir kürdan testi temiz olana kadar 25 ila 30 dakika 350 derecede pişirin; soğuk. Servis yapmadan önce, soğutulmuş pasta dolgusunu üstüne eşit şekilde yayın.

d) Çubuklara kesin ve istenirse çırpılmış tepesi ile servis yapın. 10 ila 12 arası hizmet vermektedir.

13. Kızılcık Patlamış Mısır Barları

İçindekiler:
- 3 onsluk paket mikrodalga patlamış mısır, patlamış
- 3/4 su bardağı beyaz çikolata parçaları
- 3/4 su bardağı şekerli kurutulmuş kızılcık
- 1/2 su bardağı şekerli kuşbaşı hindistan cevizi
- 1/2 su bardağı şeritli badem, iri kıyılmış
- 10 onsluk paket marshmallow
- 3 T. tereyağı

Talimatlar

a) 13"x9" boyutunda bir fırın tepsisini alüminyum folyo ile hizalayın; yapışmaz sebze spreyi ile püskürtün ve bir kenara koyun. Büyük bir kapta patlamış mısır, çikolata parçaları, kızılcık, hindistancevizi ve bademleri karıştırın; bir kenara koyun. Orta ateşte bir tencerede, eriyene ve pürüzsüz olana kadar marshmallow ve tereyağı karıştırın.

b) Patlamış mısır karışımının üzerine dökün ve tamamen kaplamak için fırlatın; hızlı bir şekilde hazırlanan tavaya aktarın.

c) Üstüne bir yaprak yağlı kağıt koyun; sıkıca bastırın. 30 dakika veya sertleşene kadar soğutun. Tutamaç olarak folyo kullanarak çubukları tavadan kaldırın; folyoyu ve yağlı kağıdı soyun. Barlar halinde dilimleyin; 30 dakika daha soğutun. 16 yapar.

14. Merhaba Dolly Barlar

İçindekiler:
- 1/2 su bardağı margarin
- 1 su bardağı graham kraker kırıntısı
- 1 su bardağı şekerli hindistan cevizi
- 6 onsluk paket yarı tatlı çikolata parçaları
- 6 onsluk paket karamela cipsleri
- 14 oz. şekerli yoğunlaştırılmış süt olabilir
- 1 su bardağı kıyılmış ceviz

Talimatlar

a) Margarin ve graham kraker kırıntılarını karıştırın; hafifçe yağlanmış 9"x9" fırın tepsisine bastırın. Hindistan cevizi, çikolata parçaları ve karamela parçaları ile katmanlayın.

b) Üzerine yoğunlaştırılmış süt dökün; ceviz serpin. 25 ila 30 dakika boyunca 350 derecede pişirin. soğumaya bırakın; çubuklar halinde kesin. 12-16 yapar.

15. İrlanda Kremalı Barlar

İçindekiler:
- 1/2 su bardağı tereyağı, yumuşatılmış
- 3/4 su bardağı artı 1 yemek kaşığı çok amaçlı un, bölünmüş
- 1/4 su bardağı pudra şekeri
- 2 T. kabartma kakao
- 3/4 su bardağı ekşi krema
- 1/2 su bardağı şeker
- 1/3 su bardağı İrlanda kremalı likörü
- 1 yumurta, çırpılmış
- 1 çay kaşığı vanilya özü
- 1/2 su bardağı krem şanti
- İsteğe bağlı: damla çikolata

Talimatlar

a) Bir kapta tereyağı, 3/4 su bardağı un, pudra şekeri ve kakaoyu yumuşak bir hamur oluşana kadar karıştırın.

b) Hamuru yağlanmamış 8 "x8" fırın tepsisine bastırın. 350 derecede 10 dakika pişirin.

c) Bu arada ayrı bir kapta kalan un, ekşi krema, şeker, likör, yumurta ve vanilyayı karıştırın.

d) İyice karıştırın; pişmiş katmanın üzerine dökün. Fırına dönün ve dolgu ayarlanana kadar 15 ila 20 dakika daha pişirin.

e) Hafifçe soğutun; çubuklar halinde kesmeden önce en az 2 saat soğutun. Küçük bir kapta, yüksek hızda bir elektrikli karıştırıcı ile, sert tepeler oluşana kadar krem şantiyi çırpın.

f) İstenirse, çırpılmış krema ve sprinkles ile doldurulmuş çubukları servis edin.

16. Muz Girdap Çubukları

İçindekiler:
- 1/2 su bardağı tereyağı, yumuşatılmış
- 1 su bardağı şeker
- 1 yumurta
- 1 çay kaşığı vanilya özü
- 1-1/2 fincan muz, püresi
- 1-1/2 su bardağı çok amaçlı un
- 1 çay kaşığı kabartma tozu
- 1 çay kaşığı kabartma tozu
- 1/2 ton. tuz
- 1/4 fincan pişirme kakao

Talimatlar

a) Bir kapta tereyağı ve şekeri çırpın; yumurta ve vanilyayı ekleyin. İyice karıştırın; muzları karıştırın. Kenara koyun. Ayrı bir kapta un, kabartma tozu, kabartma tozu ve tuzu birleştirin; tereyağı karışımına karıştırın. Hamuru ikiye bölün; yarısına kakao ekleyin.

b) Yağlanmış 13"x9" fırın tepsisine sade hamur dökün; üstüne kaşık çikolatalı hamur. Bir sofra bıçağıyla döndürün; 350 derecede 25 dakika pişirin.

c) Serin; çubuklar halinde kesin. 2-1/2 ila 3 düzine yapar.

17. Kabak Yulaf Ezmesi Her Zaman Kareler

İçindekiler:
- Keten yumurtası, 1 (1 yemek kaşığı öğütülmüş keten, 3 yemek kaşığı suyla karıştırılmış)
- Glutensiz yulaf ezmesi, ¾ su bardağı
- Tarçın, 1 ½ çay kaşığı
- Pekan, ½ su bardağı, yarıya
- Öğütülmüş zencefil, ½ çay kaşığı
- Hindistan cevizi şekeri, ¾ su bardağı
- Ararot tozu, 1 yemek kaşığı
- Yer hindistan cevizi, 1/8 çay kaşığı
- Saf vanilya özü, 1 çay kaşığı
- Pembe Himalaya deniz tuzu, ½ çay kaşığı
- Şekersiz konserve balkabağı püresi, ½ su bardağı
- Badem unu, ¾ su bardağı
- Haddelenmiş yulaf unu, ¾ su bardağı
- Mini günlük olmayan çikolata parçaları, 2 yemek kaşığı
- Kabartma tozu, ½ çay kaşığı

Talimatlar
a) Fırını 350 F'ye ısıtın.
b) Kare bir tepsiye yağlı kağıt serin ve kenarda bekletin.
c) Keten yumurtasını bir kupada birleştirin ve 5 dakika bekletin.
d) Püreyi şekerle çırpın ve keten yumurtası ve vanilyayı ekleyin. Birleştirmek için tekrar çırpın.
e) Şimdi kabartma tozu, ardından tarçın, hindistan cevizi, zencefil ve tuzu ekleyin. İyice çırpın.

f) Son olarak un, yulaf, ararot, ceviz ve badem ununu ekleyin ve iyice karışana kadar çırpın.
g) Hamuru hazırlanan tavaya aktarın ve çikolata parçalarıyla doldurun.
h) 15-19 dakika pişirin.
i) Tavadan çıkarmadan ve dilimlemeden önce tamamen soğumasını bekleyin.

18. Kırmızı Kadife Kabak Barları

İçindekiler:
- Küçük pişmiş pancar, 2
- Hindistan cevizi unu, ¼ su bardağı
- Organik kabak çekirdeği yağı, 1 yemek kaşığı
- Hindistan cevizi sütü, ¼ su bardağı
- Vanilya peynir altı suyu, ½ su bardağı
- %85 bitter çikolata, erimiş

Talimatlar
a) Çikolata hariç tüm kuru malzemeleri karıştırın.
b) Sütü kuru malzemelerin üzerine karıştırın ve iyice bağlayın.
c) Orta boy çubuklar haline getirin.
d) Çikolatayı mikrodalgada eritin ve birkaç saniye soğumaya bırakın. Şimdi her çubuğu eritilmiş çikolataya batırın ve iyice kaplayın.
e) Çikolata sertleşene ve sertleşene kadar soğutun.
f) Zevk almak.

19. Şekerlenmiş cevizli çikolata kabuğu

İçindekiler:
- 2 yemek kaşığı tereyağı
- 1 su bardağı yarım ceviz
- 2 yemek kaşığı açık veya koyu kahverengi şeker, sıkıca paketlenmiş
- 2 su bardağı bitter çikolata parçaları
- 2 yemek kaşığı kristalize zencefil

Talimatlar

a) Düşük ısıda küçük bir tencerede, tereyağını 2 ila 3 dakika veya tamamen eriyene kadar ısıtın. Cevizli yarımları ekleyin ve kokulu ve cevizli olana kadar 3 ila 5 dakika karıştırın. Açık kahverengi şekeri sürekli karıştırarak yaklaşık 1 dakika veya cevizler eşit şekilde kaplanana ve karamelize olmaya başlayana kadar karıştırın. Ateşten alın.

b) Parşömen kağıdına karamelize cevizleri yayın ve soğumaya bırakın. Cevizleri kabaca doğrayın ve bir kenara koyun.

c) Orta ateşte çift kazanda, koyu çikolata parçalarını 5 ila 7 dakika veya tamamen eriyene kadar karıştırın.

d) Parşömen kağıdı ile kaplı bir fırın tepsisine, eritilmiş çikolatayı yayın.

e) Üzerine karamelize cevizleri ve kristalize zencefili eşit şekilde serpin. 1 ila 2 saat veya çikolata sertleşene kadar bekletin. Kabuğu 6 eşit parçaya kesin veya kırın.

f) Depolama: Ağzı kapalı bir kapta buzdolabında 6 haftaya kadar veya dondurucuda 6 aya kadar saklayın.

20. Crunch Barlar

İçindekiler

- 1 su bardağı SunButter (herhangi bir çeşit)
- 4 yemek kaşığı saf akçaağaç şurubu
- 3 yemek kaşığı hindistan cevizi unu
- 1 su bardağı ezilmiş tahıl
- Pembe Himalaya deniz tuzu serpin
- Sıçrama Splash of Simply Organic Foods saf vanilya özü Üst katmanda kıvrılmak için ilave SunButter

İSTEĞE BAĞLI

- Enjoy Life Foods bitter çikolata parçaları
- Kaşık hindistan cevizi yağı
- Ek pembe Himalaya deniz tuzu

Talimatlar

a) SunButter, akçaağaç şurubu ve vanilya özünü mutfak robotunda birleştirin. Hindistan cevizi unu, ezilmiş tahıl parçaları ve deniz tuzu ile karıştırın. Bir hamur kıvamı oluşmalıdır. Parşömen kaplı kek kalıbına aktarın ve eşit şekilde yayın. 10 dakika buzlukta bekletin.

b) İsteğe bağlı, ancak bu arada bir avuç çikolata parçasını ve biraz hindistancevizi yağını birlikte eritin. Tavayı dondurucudan çıkarın, eritilmiş çikolata ile yayın, üstüne birkaç kaşık daha SunButter ekleyin ve bir kürdan ile döndürün. Deniz tuzu serpin ve gece boyunca dondurucuya geri koyun.

c) Ertesi gün çıkarın, çubuklar halinde doğrayın ve bir haftaya kadar buzdolabında saklayın. . . ama şansları o kadar uzun sürmeyecek.

21. Vegan Şeker Barları

İçindekiler

KARAMEL KATMAN

- 1 su bardağı sıkıca paketlenmiş çekirdeksiz hurma geceden suya batırılmış
- 2 yemek kaşığı SunButter (herhangi bir çeşit)
- 2 yemek kaşığı hindistan cevizi yağı
- 2 çay kaşığı deniz tuzu
- 2 yemek kaşığı yacon şurubu (veya vegan değilse bal)
- Çiğ kaju

TEMEL

- 1 su bardağı Nuzest USA vanilya proteini
- 1 su bardağı yulaf unu
- 2 yemek kaşığı SunButter (herhangi bir çeşit)
- 2 yemek kaşığı hindistan cevizi yağı
- 3/4 su bardağı su

KAPLAMA

- tercih edilen çikolata

Talimatlar

a) Tarihleri boşaltın ve ıslatma suyunu rezerve edin. Tüm karamel Malzemelerini (kaju hariç) pürüzsüz olana kadar bir karıştırıcıda karıştırın. (Hiçbir hurma suyunu kullanmayınız.) Kenara alınız.

b) Büyük bir kapta Nuzest USA ve yulaf ununu karıştırın.

c) SunButter ve hindistancevizi yağını birlikte eritin, ardından un karışımınıza ekleyin. İyice karıştırın, ardından hurmalardan ayrılmış suyu ekleyin ve tekrar karıştırın. Güzel bir "oyun hamuru" kıvamına sahip olmalısınız.

d) Kolayca çıkarmak için balmumu veya parşömen kağıdı ile tercih ettiğiniz tepsi veya fırın tepsisi, ardından meyilli tabağa bastırın. Hamurun üzerine istediğiniz miktarda kaju serpin, ardından kajuların üzerine karamel dökün.

e) Karamel sertleşene kadar birkaç saat buzdolabında bekletin. İstediğiniz şekilde/boyutta dilimleyin ve her parçayı eritilmiş çikolata ile kaplayın veya çiseleyin. Buzdolabında veya derin dondurucuda saklayın.

22. Çikolatalı Hindistan Cevizi Protein Barları

İçindekiler

- 1 su bardağı çekirdeksiz tarih
- 1/2 su bardağı Güneş Yağı
- 1/2 su bardağı hindistan cevizi unu
- 1/4 fincan artı 3 yemek kaşığı çikolatalı bitki bazlı protein tozu
- 1/4 su bardağı şekersiz elma püresi
- 3 yemek kaşığı chia tohumu
- Bir tutam tuz

Talimatlar

a) Tüm malzemeleri bir mutfak robotuna ekleyin ve bir hamur oluşana kadar nabız atın.

b) Ekmek tavasına bastırın, 1 ila 2 saat dondurun, ardından istediğiniz kadar çubuk şeklinde kesin!

23. Konfeti Barları

İçindekiler

FUDGE KATMAN

- 2 bardak alerji dostu kare simit
- 1/2 fincan alerji dostu kısaltma
- 1/2 su bardağı SunButter (herhangi bir çeşit)
- 2 su bardağı pudra şekeri

ÇİKOLATALI MARŞMALLOW KATASI

- 1 su bardağı alerji dostu çikolata parçaları
- 1 dolu bardak mini marshmallow

SPRINKLE KATMAN

- 1 vegan beyaz çikolata
- Doğranmış gökkuşağı sprinkles

Talimatlar

a) Parşömen veya mumlu kağıt ile 9x9 inçlik bir tava çizin. Kağıdın yanlara yaslanmasını sağlamak için her köşede yarıklar kesin. Bir kat krakerleri tepsinin dibine eşit şekilde yayın.

b) Mikrodalgaya uygun bir kaseye katı yağ ve SunButter ekleyin. 1 dakika mikrodalgada pişirin ve karıştırın. Pudra şekerini kaseye ekleyin ve iyice karıştırın. SunButter karışımını her birini kaplayacak şekilde simitlerin üzerine yavaşça dökün. Bir sonraki adımı yaparken tavayı dondurucuya koyun.

c) Çikolatayı orta boy mikrodalgaya uygun bir kaseye ekleyin. 40 saniyelik artışlarla mikrodalgaya koyun ve çikolata tamamen eriyene kadar karıştırın. Kaseye marshmallow ekleyin ve çikolata ile kaplayacak şekilde karıştırın. Tencereyi dondurucudan çıkarın ve çikolatalı marshmallow karışımını SunButter tabakasının üzerine eşit şekilde yayarak dökün. Herhangi bir deliği doldurmak için çikolatalı marshmallowların arasına sade marshmallow ekleyin.

d) Doğranmış vegan beyaz çikolatayı mikrodalgaya uygun küçük bir kaseye ekleyin. 40 saniyelik artışlarla mikrodalgaya koyun ve tamamen eriyene kadar karıştırın. Eritilmiş beyaz çikolatayı SunButter karışımının üzerine gezdirin ve üzerine gökkuşağı serpin. Barları tamamen ayarlanana kadar buzdolabında veya derin dondurucuda soğutun. 1 inçlik çubuklar halinde kesin ve sıkıca kapatılmış bir kapta buzdolabında saklayın.

24. Tuzlu karamelli kaju çubukları

İçindekiler:
- 2 fincan çok amaçlı un
- ½ çay kaşığı kabartma tozu
- ½ çay kaşığı tuz
- 12 yemek kaşığı tereyağı, oda sıcaklığında
- 6 yemek kaşığı tuzsuz tereyağı, parçalar halinde kesilmiş
- 1 su bardağı açık kahverengi şeker, sıkıca paketlenmiş
- 1 büyük yumurta
- 3 çay kaşığı vanilya özü
- 1½ su bardağı toz şeker
- 1 su bardağı ağır krema
- 2 su bardağı tuzlu, kavrulmuş kaju

a) Fırını 340°F'ye (171°C) ısıtın. 9×13 inçlik (23×33 cm) bir fırın tepsisini parşömen kağıdıyla hizalayın ve bir kenara koyun. Küçük bir kapta çok amaçlı un, kabartma tozu ve ¼ çay kaşığı tuzu birleştirin. Kenara koyun.

b) Orta boy bir kapta 6 yemek kaşığı tereyağı, tuzsuz tereyağı ve açık kahverengi şekeri bir elektrikli karıştırıcı ile orta hızda 5 dakika hafif ve kabarık olana kadar karıştırın. Yumurta ve 1 çay kaşığı vanilya özü ekleyin ve birleşene kadar düşük hızda 2 dakika çırpın.

c) Un karışımını ekleyin ve orta hızda 2 ila 3 dakika çırpın. Hazırlanan tavaya kabuk karışımını bastırın. 30 dakika soğutun.

d) Orta ateşte orta yapışmaz bir tavada, toz şekeri ısıtın. Şekerin renklenmeye başladığını gördüğünüzde, açık kahverengi olana kadar yaklaşık 5 ila 7 dakika karıştırın. Ağır kremayı dikkatlice ekleyin ve pürüzsüz olana kadar karıştırın.

e) Isıyı en aza indirin ve kalan 6 yemek kaşığı tereyağı, kalan 2 çay kaşığı vanilya özü ve kalan ¼ çay kaşığı tuzu ekleyin. Tereyağı eriyene kadar karıştırın ve ocaktan alın.
f) Kajuları karamel karışımına karıştırın. Soğuyan kabuğun üzerine karamel-kaju karışımını tavaya dökün. Ayarlanana kadar 20 dakika pişirin. Kesmeden önce iyice soğumaya bırakın.

25. fıstıklı karamel

İçindekiler:
- ½ su bardağı tereyağı
- 2 su bardağı koyu kahverengi şeker, sıkıca paketlenmiş
- ½ fincan koyu mısır şurubu
- 2 su bardağı ağır krema
- ¼ çay kaşığı tuz
- 1 su bardağı kıyılmış fıstık, kavrulmuş
- 2 çay kaşığı vanilya özü

Talimatlar

a) Alüminyum folyo ile 8 inçlik (20 cm) kare bir tepsiyi hizalayın, yapışmaz pişirme spreyi sıkın ve bir kenara koyun.
b) Düşük ısıda orta bir tencerede, tereyağını eritin. Koyu kahverengi şeker, koyu mısır şurubu, 1 su bardağı krema ve tuz ekleyin. Ara sıra karıştırarak 12 ila 15 dakika veya bir şeker termometresinde karışım 225 °F'ye (110 °C) ulaşana kadar kaynatın.
c) Kalan 1 su bardağı kremayı yavaş yavaş ekleyin. Karışımı kaynatın ve 15 dakika daha veya 250°F'ye (120°C) ulaşana kadar pişirin. Ateşten alın ve antep fıstığı ve vanilya özü ekleyin. Hazırlanan tavaya dökün.
d) Folyodan çıkarmadan ve 48 parçaya kesmeden önce en az 3 saat soğutun.
e) Mumlu kağıdı 48 adet 3 inç (7,5 cm) kareye kesin. Her karameli mumlu kağıt karenin ortasına yerleştirin, kağıdı karamelin etrafına sarın ve kağıdın uçlarını bükün.

26. Anahtar kireç kareler

İçindekiler:
- 4 yemek kaşığı tuzsuz tereyağı, oda sıcaklığında
- 4 yemek kaşığı tereyağı, oda sıcaklığında
- ½ su bardağı pudra şekeri
- 2 su bardağı artı 5 yemek kaşığı çok amaçlı un
- 1 çay kaşığı vanilya özü
- tutam tuz
- 4 büyük yumurta, hafifçe dövülmüş
- 1¾ su bardağı toz şeker
- ¼ su bardağı limon suyu
- 1 yemek kaşığı rendelenmiş kireç kabuğu rendesi

Talimatlar
1. Fırını 340°F'ye (171°C) ısıtın. 9×13 inçlik (23×33 cm) bir fırın tepsisini yapışmaz pişirme spreyi ile hafifçe kaplayın ve bir kenara koyun.
2. Büyük bir kapta tuzsuz tereyağı, tereyağı ve şekerleme şekerini orta hızda 3 ila 4 dakika veya hafif ve kabarık olana kadar elektrikli bir karıştırıcı ile çırpın.
3. Çok amaçlı un, vanilya özü ve tuzu ekleyin ve 2 ila 3 dakika daha veya iyice birleşene kadar karıştırın.
4. Hazırlanan tepsinin dibine hamur bastırın. Açık altın kahverengi olana kadar 20 ila 23 dakika pişirin. Kabuğun 10 dakika soğumasını bekleyin.
5. Büyük bir kapta yumurtaları ve toz şekeri birlikte çırpın. Anahtar limon suyu ve limon kabuğu rendesini ekleyin ve iyice çırpın.
6. Karışımı soğutulmuş kabuğun üzerine dökün ve 23 ila 25 dakika veya sertleşene kadar pişirin. 12 kareye kesmeden önce tamamen soğutun.

7. Depolama: Buzdolabında streç filme sarılı olarak 5 güne kadar saklayın.

27. Şekerlenmiş pastırma şekerleme kareler

İçindekiler:
- 8 dilim pastırma
- ¼ fincan açık kahverengi şeker, sıkıca paketlenmiş
- 8 yemek kaşığı tereyağı, yumuşatılmış
- 2 yemek kaşığı tuzsuz tereyağı, yumuşatılmış
- ⅓ fincan koyu kahverengi şeker, sıkıca paketlenmiş
- ⅓ fincan şekerleme şekeri
- 1½ su bardağı çok amaçlı un
- ½ çay kaşığı tuz
- ½ fincan şekerleme parçaları
- 1 su bardağı bitter çikolata parçaları
- ⅓ su bardağı kıyılmış badem

Talimatlar

a) Fırını 350°F'ye (180°C) ısıtın. Orta boy bir kapta pastırma ve açık kahverengi şekeri atın ve bir fırın tepsisine tek bir tabaka halinde düzenleyin.

b) 20 ila 25 dakika veya pastırma altın ve gevrek olana kadar pişirin. Fırından çıkarın ve 15 ila 20 dakika soğumaya bırakın. Küçük parçalar halinde doğrayın.

c) Fırın sıcaklığını 340°F'ye (171°C) düşürün. 9×13 inçlik (23×33 cm) bir fırın tepsisini alüminyum folyo ile hizalayın, yapışmaz pişirme spreyi sıkın ve bir kenara koyun.

d) Büyük bir kapta, tereyağı, tuzsuz tereyağı, koyu kahverengi şeker ve şekerlemelerin şekerini, hafif ve kabarık olana kadar orta hızda bir elektrikli karıştırıcı ile karıştırın. Çok amaçlı un ve tuzu yavaş yavaş ekleyin, sadece birleştirilene kadar karıştırın. ¼ fincan şekerleme parçalarını eşit şekilde dağılıncaya kadar karıştırın.

e) Hamuru hazırlanan tavaya bastırın ve 25 dakika veya altın rengi kahverengi olana kadar pişirin. Fırından çıkarın, üzerine bitter çikolata parçaları serpin ve cipsler yumuşayana kadar 3 dakika bekletin.

f) Yumuşatılmış çikolatayı üstüne eşit şekilde yayın ve badem, şekerlenmiş pastırma ve kalan ¼ fincan şekerleme parçalarını serpin. 2 saat veya çikolata katılaşana kadar soğumaya bırakın. 16 adet 2 inç (5 cm) kareye kesin.

g) Depolama: Buzdolabında hava geçirmez bir kapta 1 haftaya kadar saklayın.

28. Karamelli Ceviz Rüya Barları

İçindekiler:
- 1 kutu sarı kek karışımı
- 3 yemek kaşığı yumuşatılmış tereyağı
- 1 yumurta
- 14 ons şekerli yoğunlaştırılmış süt
- 1 yumurta
- 1 çay kaşığı saf vanilya özü
- 1/2 su bardağı ceviz ince çekilmiş
- 1/2 su bardağı ince öğütülmüş şekerleme parçaları

Talimatlar:
a) Fırını 350'ye önceden ısıtın. Pişirme spreyi ile dikdörtgen kek kalıbı hazırlayın ve bir kenara koyun.
b) Kek karışımı, tereyağı ve bir yumurtayı bir karıştırma kabında birleştirin ve ufalanana kadar karıştırın. Karışımı hazırlanan kabın dibine bastırın ve bir kenara koyun.
c) Başka bir karıştırma kabında süt, kalan yumurta, özü, ceviz ve şekerleme parçalarını birleştirin.
d) İyice karıştırın ve tavadaki tabanın üzerine dökün. 35 dakika pişirin.

29. Kronik cevizli çubuklar

- 2 su bardağı Pekan Yarım
- 1 su bardağı manyok unu
- 1/2 su bardağı Altın Keten Tohumu Yemeği
- 1/2 su bardağı Şekersiz Rendelenmiş Hindistan Cevizi
- 1/2 su bardağı Hindistan Cevizi Yağı
- 1/4 su bardağı Bal
- 1/4 çay kaşığı Sıvı Stevia

Talimatlar
1. 2 bardak cevizli yarım ölçün ve fırında 350F'de 6-8 dakika pişirin. Sadece aromatik olmaya başladıkları zamana kadar.
2. Cevizleri fırından çıkarın ve ardından plastik bir torbaya ekleyin. Onları parçalara ayırmak için bir oklava kullanın. Tutarlılık hakkında çok fazla önemli değil,

3. Kuru malzemeleri bir kapta karıştırın: 1 su bardağı Manyok Unu, 1/2 su bardağı Altın Keten Tohumu ve 1/2 su bardağı Şekersiz Rendelenmiş Hindistan Cevizi.
4. Ezilmiş cevizleri kaseye ekleyin ve tekrar karıştırın.
5. Son olarak 1/2 su bardağı Hindistan Cevizi Yağı, 1/4 su bardağı bal ve 1/4 çay kaşığı Sıvı Stevia ekleyin. Ufalanan bir hamur oluşana kadar bunu iyice karıştırın.
6. Hamuru bir güveç kabına bastırın.
7. 20-25 dakika 350F'de veya kenarları hafifçe kızarana kadar pişirin.
8. Fırından çıkarın; kısmen soğumaya ve en az 1 saat soğutmaya izin verin.
9. 12 dilime kesin ve bir spatula ile çıkarın.

30. Badem ezmesi chia kareler

İçindekiler

- 1/2 su bardağı çiğ badem
- 1 yemek kaşığı + 1 çay kaşığı Hindistan Cevizi Yağı
- yemek kaşığı ŞİMDİ Eritritol
- 2 Yemek Kaşığı Tereyağı
- 1/4 su bardağı Ağır Krem
- 1/4 çay kaşığı Sıvı Stevia
- 1 1/2 çay kaşığı Vanilya Özü

Talimatlar

1. Bir tavaya 1/2 su bardağı Çiğ Badem ekleyin ve orta-düşük ısıda yaklaşık 7 dakika kızartın. Yeter ki, çıkan ceviz kokusunu almaya başlasın.
2. Fındıkları mutfak robotuna ekleyin ve öğütün.
3. Unlu bir kıvama geldiklerinde 2 yemek kaşığı ŞİMDİ Eritritol ve 1 tatlı kaşığı Hindistan Cevizi Yağı ekleyin.
4. Badem ezmesi oluşana kadar bademleri öğütmeye devam edin.
5. Tereyağı kızardığında, tereyağına 1/4 fincan Ağır Krem, 2 Yemek Kaşığı ŞİMDİ Eritritol, 1/4 çay kaşığı Sıvı Stevia ve 1 1/2 çay kaşığı Vanilya Özü ekleyin. Isıyı düşük seviyeye getirin ve krema kabarcıkları kadar iyice karıştırın.
6. 1/4 Fincan Chia Tohumunu bir toz haline gelene kadar bir baharat değirmeni içinde öğütün.
7. Orta düşük bir tavada chia tohumlarını ve 1/2 Bardak Şekersiz Rendelenmiş Hindistan Cevizi Pullarını kızartmaya başlayın. Hindistan cevizinin biraz kahverengileşmesini istiyorsunuz.

8   Tereyağı ve ağır krema karışımına badem yağı ekleyin ve iyice karıştırın. Püre haline gelmesine izin verin.
9   Kare (veya istediğiniz büyüklükte) bir fırın tepsisine badem yağı karışımını, kızarmış chia ve hindistancevizi karışımını ve 1/2 Fincan Hindistan Cevizi Kremasını ekleyin. Hindistan cevizi kremasını eklemeden önce hafifçe eritmek için bir tavaya ekleyebilirsiniz.
10 1 yemek kaşığı hindistan cevizi yağı ve 2 yemek kaşığı hindistan cevizi unu ekleyin ve her şeyi iyice karıştırın.
11 Parmaklarınızı kullanarak karışımı fırın tepsisine iyice yayın.
12 Karışımı en az bir saat soğutun ve ardından pişirme kabından çıkarın. Şimdi form tutmalı.
13 Karışımı kare şeklinde veya dilediğiniz şekilde doğrayın ve buzdolabında en az birkaç saat daha bekletin. Daha fazla kare oluşturmak için fazla karışımı kullanabilirsiniz, ama onun yerine yedim.
14 Çıkarın ve istediğiniz gibi atıştırın!

31. Çikolatalı Protein Fındıklı Barlar

Porsiyon: 12 bar

İçindekiler:

- %100 saf fıstık ezmesi, 250 gr
- Kavrulmuş gerdan tohumu, 1 ½ çay kaşığı
- Yağsız sade yoğurt, 110 gr
- %100 Peynir altı suyu protein tozu, 100 gr
- Tarçın, 1 ½ çay kaşığı
- Ham kakao uçları, 4 çay kaşığı
- %85 bitter çikolata, 100 gr
- Saf vanilya özü, 1 yemek kaşığı
- %100 Bezelye protein tozu, 30 gr

Talimatlar

a) Çikolata dışındaki tüm malzemeleri mutfak robotuna ekleyin ve pürüzsüz olana kadar çekin.
b) Karışımdan 12 bar yapın ve 30 dakika buzdolabında bekletin.
c) Çubuklar sertleştiğinde, çikolatayı mikrodalgada eritin ve her bir çubuğu içine daldırın ve iyice kaplayın.
d) Kaplanmış çubukları astarlı bir tabaka üzerine yerleştirin ve tekrar 30 dakika veya çikolata sertleşene kadar soğutun.
e) Zevk almak.

32. Alman Çikolatalı Protein Barları

Porsiyon: 12 bar

İçindekiler:
- Yulaf, 1 su bardağı
- Rendelenmiş hindistan cevizi, ½ su bardağı + ¼ su bardağı, bölünmüş
- Soya proteini tozu, ½ su bardağı
- Cevizler, ½ su bardağı + ¼ su bardağı, doğranmış, bölünmüş
- Su, ¼ bardak kadar
- Kakao tozu, ¼ su bardağı
- Vanilya özü, 1 çay kaşığı
- Kakao uçları, 2 yemek kaşığı
- Tuz, ¼ çay kaşığı
- Medjool tarihleri, 1 su bardağı, çekirdekleri çıkarılmış ve 30 dakika ıslatılmış

Talimatlar

a) Yulafları ince un haline gelene kadar işleyin, ardından kakao tozu ve protein tozunu ekleyin, tekrar işleyin.

b) Bu sırada hurmaları süzün ve mutfak robotuna ekleyin. 30 saniye boyunca nabız attıktan sonra ½ fincan rendelenmiş hindistan cevizi ve ½ fincan ceviz, ardından tuz ve vanilyayı ekleyin.

c) Tekrar işleyip azar azar su ekleyerek hamur haline getirin.

d) Hamuru büyük bir kaba koyun ve kalan cevizleri ve hindistancevizi, ardından kakao uçlarını ekleyin.

e) Hamuru parşömen kağıdına koyun ve başka bir parşömenle örtün ve kalın bir kare oluşturun.

f) 2 saat buzdolabında bekletin, ardından parşömen kağıdını çıkarın ve istediğiniz uzunlukta 12 çubuk halinde dilimleyin.

33. Blueberry Bliss Protein Barları

İçindekiler:
- %100 saf, kirlenmemiş yulaf ezmesi, 1 + ½ su bardağı
- Pepitas, 1/3 su bardağı
- Bütün badem, ¾ su bardağı
- Şekersiz elma sosu ¼ fincan
- Kuru yaban mersini, ½ tepeleme su bardağı
- Ayçiçeği tohumu, ¼ su bardağı
- Badem yağı, 1 su bardağı
- Akçaağaç şurubu, 1/3 su bardağı
- Ceviz, 1/3 su bardağı
- Antep fıstığı, ½ su bardağı
- Öğütülmüş keten tohumu, 1/3 su bardağı

Talimatlar

a) Bir fırın tepsisine yağlı kağıt serin ve bir kenarda bekletin.

b) Büyük bir kapta yulaf, badem, ayçiçeği çekirdeği, kuru meyveler, ceviz, antep fıstığı, keten tohumu ve pepitaları birleştirin.

c) Üzerine elma sosu ve akçaağaç şurubu gezdirip iyice karıştırın.

d) Şimdi tereyağı ekleyin ve iyice karıştırın.

e) Hamuru tavaya aktarın ve üstten düzleştirin.

f) Bir saat dondurun. Karışım tamamen katılaşınca tezgaha ters çevirin.

g) İstediğiniz kalınlıkta ve uzunlukta 16 bar olacak şekilde dilimleyin.

34. Çikolata Parçalı Fıstık Ezmesi Protein Barları

İçindekiler:
- Hindistan cevizi unu, ¼ su bardağı
- Vanilyalı krema stevia, 1 çay kaşığı
- Fıstık unu, 6 yemek kaşığı
- Vanilya özü, 1 çay kaşığı
- Tuz, ¼ çay kaşığı
- Minyatür çikolata parçaları, 1 yemek kaşığı
- Hindistan cevizi yağı, 1 çay kaşığı, eritilmiş ve hafifçe soğutulmuş
- Soya proteini izolatı, 6 yemek kaşığı
- Şekersiz kaju sütü, ½ su bardağı + 2 yemek kaşığı

Talimatlar

a) Balmumu kağıdı ile bir somun tavası hizalayın. Kenarda tut.
b) Her iki unu da soya proteini ve tuzla birleştirin.
c) Başka bir kapta hindistan cevizi sütünü stevia, kaju sütü ve vanilya ile karıştırın. Bu karışımı yavaş yavaş un karışımına dökün ve birleştirmek için iyice çırpın.
d) Şimdi ½ damla çikolatayı ekleyin ve yavaşça karışıma katlayın.
e) Karışımı hazırlanan kek kalıbına aktarın ve bir spatula ile eşit şekilde yayın.
f) Kalan çikolata parçalarıyla süsleyin ve 3 saat dondurun.
g) İstenilen kalınlık ve uzunlukta dilimleyin.

35. Ham Kabak Kenevir Tohumu Protein Barları

İçindekiler:
- Medjool tarihleri, ½ fincan, çekirdeksiz
- Vanilya özü, ½ çay kaşığı
- Kabak çekirdeği, ¼ su bardağı
- Tuz, ¼ çay kaşığı
- Tarçın, ½ çay kaşığı
- Kenevir tohumu yağı, ½ su bardağı
- Hindistan cevizi, ¼ çay kaşığı
- Su, ¼ su bardağı
- Çiğ yulaf, 2 su bardağı
- Chia tohumu, 2 yemek kaşığı

Talimatlar

a) Bir fırın tepsisine yağlı kağıt serin ve bir kenarda bekletin, Hurmaları 30 dakika bekletin ve pürüzsüz hale gelene kadar karıştırın.

b) Karışımı bir kaseye aktarın ve kenevir yağı ekleyin ve iyice karıştırın.

c) Şimdi kalan Malzemeleri ekleyin ve iyice birleştirmek için yavaşça katlayın.

d) Bir spatula kullanarak tavaya ve hatta dışarı aktarın.

e) Buzdolabında 2 saat beklettikten sonra 16 bara dilimleyin.

36. Zencefilli Vanilya Proteini Çıtır Çubukları

İçindekiler:
- Tereyağı, 2 yemek kaşığı
- Yulaf, 1 su bardağı
- Çiğ badem, ½ su bardağı, doğranmış
- Hindistan cevizi sütü, ¼ su bardağı
- Rendelenmiş hindistan cevizi, ¼ su bardağı
- Protein tozu (Vanilya), 2 kaşık
- Akçaağaç şurubu, ¼ fincan
- Kristalize zencefil, ½ su bardağı, doğranmış
- Mısır gevreği, 1 su bardağı, büyük kırıntılara kadar dövülmüş
Ayçiçeği tohumu, ¼ su bardağı

Talimatlar

a) Tereyağını bir tavada eritin ve akçaağaç şurubu ekleyin. İyice karıştırın.

b) Sütü ve ardından protein tozunu ekleyin ve birleştirmek için iyice karıştırın. Karışım pürüzsüz bir kıvama gelince altını kapatın.

c) Büyük bir kapta ay çekirdeği, badem, yulaf, mısır gevreği ve ¾ zencefil parçaları ekleyin.

d) Karışımı kuru malzemelerin üzerine dökün ve iyice karıştırın.

e) Yağlı kağıda hazırlanmış somun tavaya aktarın ve eşit bir tabaka halinde yayın.

f) Kalan zencefil ve hindistancevizi ile doldurun. 325 F'de 20 dakika pişirin. Dilimlemeden önce soğumaya bırakın.

37. Fıstık Ezmeli Pretzel Barlar

İçindekiler:
- Soya cipsleri, 5 su bardağı
- Su, ½ su bardağı
- Mini tuzlu kraker, 6, kabaca doğranmış
- Toz fıstık ezmesi, 6 yemek kaşığı
- Fıstık, 2 yemek kaşığı, kabaca doğranmış
- Soya proteini tozu, 6 yemek kaşığı
- Fıstık ezmesi parçaları, 2 yemek kaşığı, ikiye bölünmüş
- Agave, 6 yemek kaşığı

Talimatlar
a) Bir fırın tepsisine pişirme spreyi sıkın ve bir kenarda bekletin.
b) Soya cipslerini mutfak robotunda işleyin ve bir kaseye ekleyin.
c) Protein tozunu ekleyip karıştırın.
d) Bir tencereyi ısıtın ve su, agav ve toz tereyağı ekleyin. Orta ateşte 5 dakika pişirirken karıştırın. Karışımı birkaç saniye kaynatın ve soya karışımını sürekli karıştırarak kaynatın.
e) Karışımı hazırlanan tavaya aktarın ve simit, fıstık ve fıstık ezmesi cips ile üstüne koyun.
f) Sertleşene kadar soğutun. Barlar halinde kesin ve keyfini çıkarın.

38. Kızılcık Badem Protein Barları

.İçindekiler:

- Kavrulmuş deniz tuzu badem, 2 su bardağı
- Şekersiz hindistan cevizi gevreği, ½ fincan
- Şişirilmiş pirinç gevreği, 2/3 su bardağı
- Vanilya özü, 1 çay kaşığı
- Kurutulmuş kızılcık, 2/3 su bardağı
- Kenevir tohumu, 1 tepeleme yemek kaşığı
- Kahverengi pirinç şurubu, 1/3 su bardağı Bal, 2 yemek kaşığı

Talimatlar

a) Bademleri kızılcık, kenevir tohumu, pirinç gevreği ve hindistancevizi ile birleştirin. Kenarda tut.
b) Bir tencereye bal, ardından vanilya ve pirinç şurubu ekleyin. Karıştırın ve 5 dakika kaynatın.
c) Sosu kuru malzemelerin üzerine dökün ve birleştirmek için hızlıca karıştırın.
d) Karışımı hazırlanmış bir fırın tepsisine aktarın ve eşit bir tabaka halinde yayın.
e) 30 dakika soğutun.
f) Yerleştirildiklerinde, istediğiniz büyüklükte çubuklar halinde dilimleyin ve keyfini çıkarın.

39. Üçlü Çikolatalı Protein Kek Barları

İçindekiler:

- Yulaf unu, 1 su bardağı
- Kabartma tozu, ½ çay kaşığı
- Badem sütü, ¼ su bardağı
- Çikolatalı peynir altı suyu protein tozu, 1 ölçek
- Stevia pişirme karışımı, ¼ fincan
- Badem unu, ¼ su bardağı
- Bitter çikolata parçaları, 3 yemek kaşığı
- Tuz, ¼ çay kaşığı
- Ceviz, 3 yemek kaşığı, doğranmış
- Şekersiz koyu kakao tozu, 3 yemek kaşığı
- Şekersiz elma sosu, 1/3 su bardağı
- Yumurta, 1
- Sade Yunan yoğurdu, ¼ fincan
- Sıvı yumurta akı, 2 yemek kaşığı
- Vanilya peynir altı suyu protein tozu, 1 ölçek

Talimatlar

a) Fırını 350 F'ye ısıtın.
b) Bir fırın tepsisini pişirme spreyi ile yağlayın ve bir kenarda bekletin.
c) Büyük bir kapta her iki unu tuz, kabartma tozu, protein tozu ve koyu kakao tozu ile birleştirin. Kenarda tut.
d) Başka bir kapta yumurtaları stevia ile çırpın ve iyice karışana kadar çırpın, ardından kalan ıslak malzemeleri ekleyin ve tekrar çırpın.

e) Islak karışımı yavaş yavaş kuru karışıma karıştırın ve birleştirmek için iyice çırpın.
f) Ceviz ve damla çikolatayı ilave edip yavaşça karıştırın.
g) Karışımı hazırlanan tavaya aktarın ve 25 dakika pişirin.
h) Tavadan çıkarmadan ve dilimlemeden önce soğumaya bırakın.

40. Ahududu-Çikolata Barları

İçindekiler:
- Fıstık veya badem ezmesi, ½ su bardağı
- Keten tohumu, ¼ fincan
- Mavi agav, 1/3 su bardağı
- Çikolata protein tozu, ¼ fincan
- Ahududu, ½ su bardağı
- Anında haddelenmiş yulaf, 1 su bardağı

Talimatlar

a) Fıstık ezmesini agav ile birleştirin ve sürekli karıştırarak kısık ateşte pişirin.
b) Karışım pürüzsüz bir doku oluşturduğunda yulaf, keten tohumu ve proteine ekleyin. İyice karıştırın.
c) Ahududu ekleyin ve yavaşça katlayın.
d) Hamuru hazırlanan tavaya aktarın ve bir saat dondurun.
e) Sertleştiğinde 8 bara dilimleyin ve keyfini çıkarın.

41. Fıstık Ezmeli Kurabiye Hamur Barları

İçindekiler:
- Haddelenmiş yulaf, ¼ fincan
- Fıstık ezmesi, 3 yemek kaşığı
- Protein tozu, ½ su bardağı
- Tuz, bir tutam
- Büyük Medjool tarihleri, 10
- Çiğ kaju, 1 su bardağı
- Akçaağaç şurubu, 2 yemek kaşığı bütün fıstık, garnitür için

Talimatlar

a) Yulafları mutfak robotunda ince un haline getirin.
b) Şimdi bütün fıstık hariç tüm malzemeleri ekleyin ve pürüzsüz olana kadar işleyin.
c) İsterseniz tadın ve herhangi bir ayarlama yapın.
d) Karışımı bir somun tepsisine aktarın ve bütün fıstıklarla doldurun.
e) 3 saat soğutun. Karışım sertleştiğinde mutfak tezgahına koyun ve istediğiniz uzunlukta 8 bar olacak şekilde dilimleyin.

42. Müsli Protein Barları

İçindekiler:
- Şekersiz badem sütü, ½ su bardağı
- Bal, 3 yemek kaşığı
- Quinoa, ¼ fincan, pişmiş
- Chia tohumu, 1 çay kaşığı
- Un, 1 yemek kaşığı
- Çikolata protein tozu, 2 kaşık
- Çikolata parçaları, ¼ fincan
- Tarçın, ½ çay kaşığı
- Olgun muz, ½, ezilmiş
- Badem, ¼ fincan, dilimlenmiş
- En sevdiğiniz markadan 1 ½ fincan müsli

Talimatlar

a) Fırını 350 F'ye ısıtın.
b) Badem sütünü muz püresi, chia tohumu ve bal ile orta boy bir kapta karıştırın ve bir kenarda bekletin.
c) Başka bir kapta kalan malzemeleri birleştirin ve iyice fırlatın.
d) Şimdi badem sütü karışımını kuru malzemelerin üzerine dökün ve her şeyi iyice katlayın.
e) Hamuru bir tavaya aktarın ve 20-25 dakika pişirin.
f) Tavadan çıkarmadan ve dilimlemeden önce soğumaya bırakın.

43. Havuçlu Kek Protein Barları

İçindekiler:

Barlar için:

- Yulaf unu, 2 su bardağı
- Süt içermeyen süt, 1 yemek kaşığı
- Karışık baharat, 1 çay kaşığı
- Vanilya protein tozu, ½ su bardağı
- Havuç, ½ su bardağı, püresi
- Tarçın, 1 yemek kaşığı
- Hindistan cevizi unu, ½ su bardağı, elenmiş
- Kahverengi pirinç şurubu, ½ su bardağı
- Tercih edilen granül tatlandırıcı, 2 yemek kaşığı
- Badem yağı, ¼ su bardağı

Buzlanma için:

- Vanilya protein tozu, 1 ölçek
- Hindistan cevizi sütü, 2-3 yemek kaşığı
- Krem peynir, ¼ su bardağı

Talimatlar

a) Protein çubukları hazırlamak için unu karışık baharat, protein tozu, tarçın ve tatlandırıcı ile birleştirin.
b) Diğerinde, tereyağını sıvı tatlandırıcı ve mikrodalga ile birkaç saniye eriyene kadar karıştırın.
c) Bu karışımı un kabına aktarın ve iyice karıştırın.
d) Şimdi havuç ekleyin ve yavaşça katlayın.
e) Şimdi yavaş yavaş süt ekleyin, gerekli kıvam elde edilene kadar sürekli karıştırın.
f) Hazırlanan bir tavaya aktarın ve 30 dakika soğutun.

g) Bu arada kremayı hazırlayın ve protein tozunu krem peynirle birleştirin.

h) Yavaş yavaş süt ekleyin ve istenen kıvamı elde etmek için iyice karıştırın.

i) Karışım hazır olduğunda, istediğiniz uzunlukta çubuklar halinde dilimleyin ve her çubuğun üzerine krema sürün.

44. Portakal ve Goji Berry Barları

İçindekiler:
- Vanilya peynir altı suyu protein tozu, ½ su bardağı
- Portakal kabuğu, 1 yemek kaşığı, rendelenmiş
- Öğütülmüş badem, ¾ su bardağı
- %85 bitter çikolata, 40 gr, eritilmiş
- Hindistan cevizi sütü, ¼ su bardağı
- Hindistan cevizi unu, ¼ su bardağı
- Biber tozu, 1 çay kaşığı
- Vanilya özü, 1 yemek kaşığı
- Goji meyveleri, ¾ su bardağı

Talimatlar

a) Protein tozunu hindistan cevizi unu ile bir kapta karıştırın.
b) Kalan malzemeleri un karışımına ekleyin.
c) Sütü karıştırın ve iyice karıştırın.
d) Hamurdan çubuk şekilleri oluşturun ve bir kağıda düzenleyin.
e) Çikolatayı eritin ve birkaç dakika soğutun, ardından her bir çubuğu eritilmiş çikolataya batırın ve fırın tepsisine yerleştirin.
f) Çikolata tamamen sertleşene kadar soğutun.
g) Zevk almak.

45. Çilekli Olgun Protein Bar

İçindekiler:
- Dondurularak kurutulmuş çilek, 60 gr
- Vanilya, ½ çay kaşığı
- Şekersiz rendelenmiş hindistan cevizi, 60 gr
- Şekersiz badem sütü, 60 ml
- Aromasız Whey protein tozu, 60 gr Bitter çikolata, 80 gr

Talimatlar

a) Kurutulmuş çilekleri öğütünceye kadar işleyin, ardından peynir altı suyu, vanilya ve hindistancevizi ekleyin. İnce öğütülmüş bir karışım oluşana kadar tekrar işleyin.
b) Sütü karışıma karıştırın ve her şey iyice karışana kadar işleyin.
c) Bir fırın tepsisine yağlı kağıt serin ve karışımı içine aktarın.
d) Karışımı eşit şekilde yaymak için bir spatula kullanın.
e) Karışım ayarlanana kadar soğutun.
f) Bitter çikolatayı 30 saniye mikrodalgada pişirin. Pürüzsüz ve tamamen eriyene kadar iyice karıştırın.
g) Çikolatayı biraz soğumaya bırakın ve bu arada çilekli karışımı istediğiniz kalınlıkta sekiz çubuk halinde dilimleyin.
h) Şimdi her çubuğu tek tek çikolataya batırın ve iyice kaplayın.
i) Kaplamalı çubukları bir fırın tepsisine yerleştirin. Tüm çubuklar kaplandıktan sonra, çikolata sertleşip sertleşene kadar soğutun.

46. Moka Protein Barları

İçindekiler:

- Badem unu, 30 gr
- Hindistan cevizi unu, 30 gr
- Espresso, 60 g, taze demlenmiş ve soğutulmuş
- Aromasız peynir altı suyu proteini izolatı, 60 g
- Hindistan cevizi şekeri, 20 gr
- Şekersiz kakao tozu, 14 gr
- %70-85 kakao katılı bitter çikolata, 48 g

Talimatlar

a) Tüm kuru malzemeleri birlikte birleştirin.
b) Expresso'yu karıştırın ve topak kalmayacak şekilde iyice çırpın.
c) Karışım bu noktada pürüzsüz bir topa dönüşecektir.
d) Altı eşit parçaya bölün ve her parçayı çubuk haline getirin. Çubukları bir kağıda yerleştirin ve plastikle örtün. Bir saat soğutun.
e) Barlar ayarlandıktan sonra, mikrodalgaya koyu çikolata koyun ve eriyene kadar karıştırın.
f) Her çubuğu eritilmiş çikolatayla kaplayın ve mumlu fırın tepsisine yerleştirin.
g) Kalan çikolatayı girdap şeklinde çiseleyin ve çikolata sertleşene kadar tekrar soğutun.

47. Muzlu Çikolatalı Protein Barları

İçindekiler:

- Dondurularak kurutulmuş muz, 40g
- Badem sütü, 30 ml
- Muz aromalı protein tozu izolatı, 70 g
- %100 fıstık ezmesi, 25 gr
- Glutensiz yulaf ezmesi, 30 gr
- %100 çikolata, 40 gr
- Tatlandırıcı, tatmak

Talimatlar

a) Muzu mutfak robotunda öğütün. Şimdi protein tozu ve yulaf ekleyin, iyice topraklanana kadar tekrar işleyin.
b) Çikolata hariç kalan malzemeleri karıştırın ve pürüzsüz olana kadar tekrar işleyin.
c) Karışımı astarlı bir somun tepsisine aktarın ve plastikle kaplayın. Sertleşene kadar soğutun.
d) Çubuklar ayarlandığında, dört çubuğa kesin.
e) Şimdi çikolatayı mikrodalgada eritin ve her bir muz çubuğunu içine daldırmadan önce biraz soğumasını bekleyin. İyice kaplayın ve çikolata sertleşene kadar çubukları tekrar soğutun.

48. Göksel Çiğ Barlar

İçindekiler:
- Hindistan cevizi sütü, 2 yemek kaşığı
- İsteğe göre şekersiz kakao tozu
- Protein tozu, 1 $\frac{1}{2}$ kepçe
- Keten tohumu yemeği, 1 yemek kaşığı

Talimatlar

a) Tüm malzemeleri birlikte birleştirin.
b) Bir fırın tepsisini çok uzak olmayan pişirme spreyi ile yağlayın ve hamuru içine aktarın.
c) Karışım sertleşene kadar oda sıcaklığında bekletin.

49. Canavar Barlar

İçindekiler:

- 1/2 su bardağı tereyağı, yumuşatılmış
- 1 su bardağı esmer şeker, paketlenmiş
- 1 su bardağı şeker
- 1-1 / 2 fincan kremalı fıstık ezmesi
- 3 yumurta, çırpılmış
- 2 ton. vanilya özü
- 2 ton. karbonat
- 4-1 / 2 fincan çabuk pişen yulaf, pişmemiş
- 1 su bardağı yarı tatlı çikolata parçaları
- 1 su bardağı şeker kaplı çikolata

a) Büyük bir kapta, tüm malzemeleri listelenen sırayla karıştırın. Hamuru yağlanmış 15"x10" jöle rulolu tepsiye yayın.
b) 15 dakika veya hafif altın rengi olana kadar 350 derecede pişirin.
c) Soğutun ve çubuklar halinde kesin. Yaklaşık 1-1 / 2 düzine yapar.

50. yaban mersini ufalama çubukları

İçindekiler:
- 1-1 / 2 su bardağı şeker, bölünmüş
- 3 c. çok amaçlı un
- 1 çay kaşığı kabartma tozu
- 1/4 ton. tuz
- 1/8 ton. tarçın
- 1 bardak kısaltma
- 1 yumurta, çırpılmış
- 1 çay kaşığı mısır nişastası
- 4 c. yaban mersini

a) Bir su bardağı şeker, un, kabartma tozu, tuz ve tarçını karıştırın.
b) Kısaltma ve yumurtayı kesmek için bir pasta kesici veya çatal kullanın; hamur cıvık olacak.
c) Hamurun yarısını yağlanmış 13"x9" fırın tepsisine koyun; bir kenara koyun.
d) Ayrı bir kapta mısır nişastasını ve kalan şekeri karıştırın; çilekleri yavaşça katlayın.
e) Yaban mersini karışımını tavadaki hamurun üzerine eşit şekilde serpin.
f) En üste kalan hamurları ufalayın. 375 derecede 45 dakika veya üstü hafif altın rengi olana kadar pişirin. Kareler halinde kesmeden önce tamamen soğutun. Bir düzine yapar.

51. Sakızlı Barlar

İçindekiler:
- 1/2 su bardağı tereyağı, eritilmiş
- 1/2 ton. kabartma tozu
- 1-1 / 2 fincan kahverengi şeker, paketlenmiş
- 1/2 ton. tuz
- 2 yumurta, çırpılmış
- 1/2 su bardağı kıyılmış fındık
- 1-1 / 2 su bardağı çok amaçlı un
- 1 su bardağı sakız, doğranmış
- 1 çay kaşığı vanilya özü
- Süsleyin: pudra şekeri

a) Büyük bir kapta pudra şekeri hariç tüm malzemeleri karıştırın.
b) Hamuru yağlanmış ve unlanmış 13 "x9" fırın tepsisine yayın. Altın rengi olana kadar 25 ila 30 dakika 350 derecede pişirin.
c) Pudra şekeri serpin. Serin; çubuklar halinde kesin. 2 düzine yapar.

52. Tuzlu Fındıklı Rulo Barlar

İçindekiler:
- 18-1/2 ons paket sarı kek karışımı
- 3/4 su bardağı tereyağı, eritilmiş ve bölünmüş
- 1 yumurta, çırpılmış
- 3 c. mini şekerlemeler
- 10 onsluk paket fıstık ezmesi cips
- 1/2 bardak hafif mısır şurubu
- 1 çay kaşığı vanilya özü
- 2 c. tuzlu fıstık
- 2 c. çıtır pirinç gevreği

a) Bir kapta kuru kek karışımı, 1/4 su bardağı tereyağı ve yumurtayı karıştırın; hamuru yağlanmış 13"x9" fırın tepsisine bastırın. 350 derecede 10 ila 12 dakika pişirin.

b) Pişmiş kabuğun üzerine marshmallow serpin; fırına dönün ve 3 dakika daha veya şekerlemeler eriyene kadar pişirin. Orta ateşte bir tencerede fıstık ezmesi cipsleri, mısır şurubu, kalan tereyağı ve vanilyayı eritin.

c) Fındık ve tahılları karıştırın. Fıstık ezmesi karışımını hatmi tabakasının üzerine yayın. Sertleşene kadar soğutun; kareler halinde kesin. 2-1/2 düzine yapar.

53. Kara Orman Kiraz Barları

İçindekiler:

- 3 21 oz. kutular kirazlı turta doldurma, bölünmüş
- 18-1 / 2 ons paket çikolatalı kek karışımı
- 1/4 su bardağı sıvı yağ
- 3 yumurta, çırpılmış
- 1/4 su bardağı vişne aromalı brendi veya vişne suyu
- 6 onsluk paket yarı tatlı çikolata parçaları
- İsteğe bağlı: çırpılmış tepesi

a) Soğuyana kadar 2 kutu turta dolgusunu soğutun. Düşük hızda bir elektrikli karıştırıcı kullanarak, kalan kutu turta dolgusu, kuru kek karışımı, yağ, yumurta ve brendi veya vişne suyunu iyice karışana kadar çırpın.
b) Çikolata parçacıklarını karıştırın.
c) Hamuru hafifçe yağlanmış 13 "x9" fırın tepsisine dökün. Bir kürdan testi temiz olana kadar 25 ila 30 dakika 350 derecede pişirin; soğuk. Servis yapmadan önce, soğutulmuş pasta dolgusunu üstüne eşit şekilde yayın.
d) Çubuklara kesin ve istenirse çırpılmış tepesi ile servis yapın. 10 ila 12 arası hizmet vermektedir.

54. Kızılcık Patlamış Mısır Barları

İçindekiler:
- 3 onsluk paket mikrodalga patlamış mısır, patlamış
- 3/4 su bardağı beyaz çikolata parçaları
- 3/4 su bardağı şekerli kurutulmuş kızılcık
- 1/2 su bardağı şekerli kuşbaşı hindistan cevizi
- 1/2 su bardağı şeritli badem, iri kıyılmış
- 10 onsluk paket marshmallow
- 3 T. tereyağı

a) 13"x9" boyutunda bir fırın tepsisini alüminyum folyo ile hizalayın; yapışmaz sebze spreyi ile püskürtün ve bir kenara koyun. Büyük bir kapta patlamış mısır, çikolata parçaları, kızılcık, hindistancevizi ve bademleri karıştırın; bir kenara koyun. Orta ateşte bir tencerede, eriyene ve pürüzsüz olana kadar marshmallow ve tereyağı karıştırın.

b) Patlamış mısır karışımının üzerine dökün ve tamamen kaplamak için fırlatın; hızlı bir şekilde hazırlanan tavaya aktarın.

c) Üstüne bir yaprak yağlı kağıt koyun; sıkıca bastırın. 30 dakika veya sertleşene kadar soğutun. Tutamaç olarak folyo kullanarak çubukları tavadan kaldırın; folyoyu ve yağlı kağıdı soyun. Barlar halinde dilimleyin; 30 dakika daha soğutun. 16 yapar.

55. Merhaba Dolly Barlar

İçindekiler:
- 1/2 su bardağı margarin
- 1 su bardağı graham kraker kırıntısı
- 1 su bardağı şekerli hindistan cevizi
- 6 onsluk paket yarı tatlı çikolata parçaları
- 6 onsluk paket karamela cipsleri
- 14 oz. şekerli yoğunlaştırılmış süt olabilir
- 1 su bardağı kıyılmış ceviz

a) Margarin ve graham kraker kırıntılarını karıştırın; hafifçe yağlanmış 9"x9" fırın tepsisine bastırın. Hindistan cevizi, çikolata parçaları ve karamela parçaları ile katmanlayın.

b) Üzerine yoğunlaştırılmış süt dökün; ceviz serpin. 25 ila 30 dakika boyunca 350 derecede pişirin. soğumaya bırakın; çubuklar halinde kesin. 12-16 yapar.

56. İrlanda Kremalı Barlar

İçindekiler:
- 1/2 su bardağı tereyağı, yumuşatılmış
- 3/4 su bardağı artı 1 yemek kaşığı çok amaçlı un, bölünmüş
- 1/4 su bardağı pudra şekeri
- 2 T. kabartma kakao
- 3/4 su bardağı ekşi krema
- 1/2 su bardağı şeker
- 1/3 su bardağı İrlanda kremalı likörü
- 1 yumurta, çırpılmış
- 1 çay kaşığı vanilya özü
- 1/2 su bardağı krem şanti
- İsteğe bağlı: damla çikolata

a) Bir kapta tereyağı, 3/4 su bardağı un, pudra şekeri ve kakaoyu yumuşak bir hamur oluşana kadar karıştırın.
b) Hamuru yağlanmamış 8 "x8" fırın tepsisine bastırın. 350 derecede 10 dakika pişirin.
c) Bu arada ayrı bir kapta kalan un, ekşi krema, şeker, likör, yumurta ve vanilyayı karıştırın.
d) İyice karıştırın; pişmiş katmanın üzerine dökün. Fırına dönün ve dolgu ayarlanana kadar 15 ila 20 dakika daha pişirin.
e) Hafifçe soğutun; çubuklar halinde kesmeden önce en az 2 saat soğutun. Küçük bir kapta, yüksek hızda bir elektrikli karıştırıcı ile, sert tepeler oluşana kadar krem şantiyi çırpın.
f) İstenirse, çırpılmış krema ve sprinkles ile doldurulmuş çubukları servis edin.
g) Buzdolabında saklayın. 2 düzine yapar.

57. Muz Girdap Çubukları

İçindekiler:
- 1/2 su bardağı tereyağı, yumuşatılmış
- 1 su bardağı şeker
- 1 yumurta
- 1 çay kaşığı vanilya özü
- 1-1/2 fincan muz, püresi
- 1-1/2 su bardağı çok amaçlı un
- 1 çay kaşığı kabartma tozu
- 1 çay kaşığı kabartma tozu
- 1/2 ton. tuz
- 1/4 fincan pişirme kakao

a) Bir kapta tereyağı ve şekeri çırpın; yumurta ve vanilyayı ekleyin. İyice karıştırın; muzları karıştırın. Kenara koyun. Ayrı bir kapta un, kabartma tozu, kabartma tozu ve tuzu birleştirin; tereyağı karışımına karıştırın. Hamuru ikiye bölün; yarısına kakao ekleyin.

b) Yağlanmış 13"x9" fırın tepsisine sade hamur dökün; üstüne kaşık çikolatalı hamur. Bir sofra bıçağıyla döndürün; 350 derecede 25 dakika pişirin.

c) Serin; çubuklar halinde kesin. 2-1/2 ila 3 düzine yapar.

58. Kabaklı Cheesecake Barlar

İçindekiler:

- 16 onsluk paket pound kek karışımı
- 3 yumurta, bölünmüş
- 2 T. margarin, eritilmiş ve hafifçe soğutulmuş
- 4 ton. balkabağı turtası baharatı, bölünmüş
- 8 ons paket krem peynir, yumuşatılmış
- 14 oz. şekerli yoğunlaştırılmış süt olabilir
- 15 oz. balkabağı olabilir
- 1/2 ton. tuz

a) Büyük bir kapta kuru kek karışımı, bir yumurta, margarin ve 2 çay kaşığı balkabağı turtasını karıştırın; ufalanana kadar karıştırın. Hamuru yağlanmış 15 "x10" jöle rulo tepsisine bastırın. Ayrı bir kapta krem peyniri köpürene kadar çırpın.

b) Yoğunlaştırılmış süt, balkabağı, tuz ve kalan yumurtaları ve baharatı çırpın. İyice karıştırın; kabuğun üzerine yayılır. 350 derecede 30 ila 40 dakika pişirin. Serin; çubuklar halinde kesmeden önce soğutun. 2 düzine yapar.

59. Diyet bisküvi

İçindekiler:

- Kabak çekirdeği, ½ su bardağı
- Bal, ¼ fincan
- Kenevir tohumu, 2 yemek kaşığı
- Hindistan cevizi unu, ½ su bardağı
- Tarçın, 2 çay kaşığı
- Enginar tozu, 1 yemek kaşığı
- Vanilya protein tozu, ¼ fincan
- Hindistan cevizi yağı, 2 yemek kaşığı
- Goji meyveleri, 1/3 su bardağı
- Antep fıstığı, ½ su bardağı, doğranmış
- Tuz, bir tutam
- Hindistan cevizi yağı, 1/3 su bardağı
- Kenevir sütü, 1/3 su bardağı
- Vanilya fasulyesi, 1
- Chia tohumları, 2 yemek kaşığı Hindistan cevizi gevreği, 1/3 su bardağı

Talimatlar

a) Tüm malzemeleri bir araya getirin ve bir terrine tavasına eşit olarak yayın.
b) Bir saat soğutun.
c) Sertleştiğinde ve ayarlandığında, istediğiniz uzunlukta çubuklar halinde kesin ve keyfini çıkarın.

60. Kabak Yulaf Ezmesi Kareler

İçindekiler:
- Keten yumurtası, 1 (1 yemek kaşığı öğütülmüş keten, 3 yemek kaşığı suyla karıştırılmış)
- Glutensiz yulaf ezmesi, ¾ su bardağı
- Tarçın, 1 ½ çay kaşığı
- Pekan, ½ su bardağı, yarıya
- Öğütülmüş zencefil, ½ çay kaşığı
- Hindistan cevizi şekeri, ¾ su bardağı
- Ararot tozu, 1 yemek kaşığı
- Yer hindistan cevizi, 1/8 çay kaşığı
- Saf vanilya özü, 1 çay kaşığı
- Pembe Himalaya deniz tuzu, ½ çay kaşığı
- Şekersiz konserve balkabağı püresi, ½ su bardağı
- Badem unu, ¾ su bardağı
- Haddelenmiş yulaf unu, ¾ su bardağı
- Mini günlük olmayan çikolata parçaları, 2 yemek kaşığı
- Kabartma tozu, ½ çay kaşığı

Talimatlar

a) Fırını 350 F'ye ısıtın.
b) Kare bir tepsiye yağlı kağıt serin ve kenarda bekletin.
c) Keten yumurtasını bir kupada birleştirin ve 5 dakika bekletin.
d) Püreyi şekerle çırpın ve keten yumurtası ve vanilyayı ekleyin. Birleştirmek için tekrar çırpın.
e) Şimdi kabartma tozu, ardından tarçın, hindistan cevizi, zencefil ve tuzu ekleyin. İyice çırpın.

f) Son olarak un, yulaf, ararot, ceviz ve badem ununu ekleyin ve iyice karışana kadar çırpın.
g) Hamuru hazırlanan tavaya aktarın ve çikolata parçalarıyla doldurun.
h) 15-19 dakika pişirin.
i) Tavadan çıkarmadan ve dilimlemeden önce tamamen soğumasını bekleyin.

61. Kırmızı Kadife Kabak Barları

İçindekiler:
- Küçük pişmiş pancar, 2
- Hindistan cevizi unu, ¼ su bardağı
- Organik kabak çekirdeği yağı, 1 yemek kaşığı
- Hindistan cevizi sütü, ¼ su bardağı
- Vanilya peynir altı suyu, ½ su bardağı
- %85 bitter çikolata, erimiş

Talimatlar

a) Çikolata hariç tüm kuru malzemeleri karıştırın.
b) Sütü kuru malzemelerin üzerine karıştırın ve iyice bağlayın.
c) Orta boy çubuklar haline getirin.
d) Çikolatayı mikrodalgada eritin ve birkaç saniye soğumaya bırakın. Şimdi her çubuğu eritilmiş çikolataya batırın ve iyice kaplayın.
e) Çikolata sertleşene ve sertleşene kadar soğutun.
f) Zevk almak.

62. Karlı Limon Barları

İçindekiler:
- 3 yumurta, bölünmüş
- 1/3 su bardağı tereyağı, eritilmiş ve hafifçe soğutulmuş
- 1 çay kaşığı limon kabuğu rendesi
- 3 T. limon suyu
- 18-1/2 ons paket beyaz kek karışımı
- 1 su bardağı kıyılmış badem
- 8 ons paket krem peynir, yumuşatılmış
- 3 c. toz şeker
- Süsleyin: ilave pudra şekeri

a) Büyük bir kapta bir yumurta, tereyağı, limon kabuğu rendesi ve limon suyunu birleştirin. Kuru kek karışımını ve bademleri iyice karıştırın. Hamuru yağlanmış 13 "x9" fırın tepsisine bastırın. 15 dakika veya altın rengi olana kadar 350 derecede pişirin. Bu arada ayrı bir kapta krem peyniri hafif ve kabarık olana kadar çırpın; yavaş yavaş pudra şekeri ile karıştırın. Kalan yumurtaları teker teker ekleyin ve her birinin ardından iyice karıştırın.

b) Tavayı fırından çıkarın; krem peynir karışımını sıcak kabuğun üzerine yayın. Ortası ayarlanana kadar 15 ila 20 dakika daha pişirin; serin. Çubuklara kesmeden önce pudra şekeri serpin. 2 düzine yapar.

63. Kolay Butterscotch Barlar

İçindekiler:

- 12 onsluk paket karamela cipsleri, eritilmiş
- 1 su bardağı tereyağı, yumuşatılmış
- 1/2 su bardağı kahverengi şeker, paketlenmiş
- 1/2 su bardağı şeker
- 3 yumurta, çırpılmış
- 1-1/2 ton. vanilya özü
- 2 c. çok amaçlı un

a) Bir kapta karamela parçalarını ve tereyağını birleştirin; iyice karıştırın. Şeker, yumurta ve vanilyayı ekleyin; iyice karıştırın.

b) Yavaş yavaş unla karıştırın. Hamuru hafifçe yağlanmış 13 "x9" fırın tepsisine dökün. 350 derecede 40 dakika pişirin.

c) Serin ve kareler halinde kesilir. 2 düzine yapar.

64. Vişneli Bademli Bar

İçindekiler:
- Vanilya protein tozu, 5 kaşık
- Bal, 1 yemek kaşığı
- Yumurta çırpıcı, ½ su bardağı
- Su, ¼ su bardağı
- Badem, ¼ fincan, dilimlenmiş
- Vanilya özü, 1 çay kaşığı
- Badem unu, ½ su bardağı
- Badem yağı, 2 yemek kaşığı
- Dondurulmuş koyu tatlı kiraz, 1 ½ su bardağı

Talimatlar

a) Fırını 350 F'ye ısıtın.
b) Kirazları rendeleyin ve çözün.
c) Eritilmiş kirazlar dahil tüm malzemeleri birleştirin ve iyice karıştırın.
d) Karışımı yağlanmış bir fırın tepsisine aktarın ve 12 dakika pişirin.
e) Tavadan çıkarmadan ve çubuklara dilimlemeden önce tamamen soğumaya bırakın.

65. Karamel Crunch Barlar

İçindekiler:
- 1½ su bardağı yuvarlanmış yulaf
- 1½ su bardağı un
- ¾ su bardağı esmer şeker
- ½ çay kaşığı kabartma tozu
- ¼ çay kaşığı tuz
- ¼ su bardağı eritilmiş tereyağı
- ¼ su bardağı eritilmiş tereyağı

Topingler
- ½ su bardağı esmer şeker
- ½ su bardağı toz şeker
- ½ su bardağı tereyağı
- ¼ su bardağı un
- 1 su bardağı kıyılmış fındık
- 1 su bardağı doğranmış çikolata

Talimatlar:
a) Fırınınızın sıcaklığını 350 F'ye getirin. Yulaf, un, tuz, şeker ve kabartma tozunu bir kaba koyun ve iyice karıştırın. Tereyağını ve normal tereyağını koyun ve kırıntı oluşana kadar karıştırın.
b) Daha sonra süslemek için bu kırıntılardan en az bir fincan ayırın.
c) Şimdi tavayı bir spreyle yağlayarak hazırlayın, ardından yulaf karışımını tavanın alt kısmına koyun.
d) Fırına koyun ve bir süre pişirin, iyice kızardığında çıkarın ve soğumaya bırakın. Sonra karamel yapmak için bir sonraki.
e) Bunu, çabuk yanmasını önlemek için kalın tabanlı bir tencerede tereyağı ve şekeri karıştırarak yapın. Unu ekledikten sonra köpürmesine izin verin. Yulaf ezmesi tabanına geri dönün, karışık fındık ve çikolatayı ardından az

önce yaptığınız karameli ekleyin ve son olarak kenara ayırdığınız ekstra kırıntılarla doldurun.

f) Tekrar fırına koyun ve çubuklar altın rengi olana kadar pişirin, bu yaklaşık 20 dakika sürecektir.

g) Piştikten sonra dilediğiniz büyüklükte kesmeden önce soğutun.

66. Yulaf Ezmesi Barları

Porsiyon: 14-16

İçindekiler:
- 1¼ bardak eski moda yulaf ezmesi
- 1¼ su bardağı çok amaçlı un
- ½ su bardağı ince kıyılmış kavrulmuş ceviz (Nota bakınız)
- ½ su bardağı şeker
- ½ çay kaşığı kabartma tozu
- ¼ çay kaşığı tuz
- 1 su bardağı tereyağı, eritilmiş
- 2 çay kaşığı vanilya
- 1 su bardağı kaliteli reçel
- 4 bütün graham kraker (8 kare), ezilmiş
- Servis için krem şanti (isteğe bağlı)

Talimatlar:
a) Fırını önceden 350 ° F'ye ısıtın. 9 inçlik kare bir fırın tepsisini yağlayın. Bir kaseye yulaf ezmesi, un, ceviz, şeker, kabartma tozu ve tuzu koyun ve karıştırın. Küçük bir kapta, tereyağı ve vanilyayı birleştirin. Tereyağı karışımını yulaf karışımına ekleyin ve ufalanana kadar karıştırın.
b) 1 fincanı üzeri için ayırın ve kalan yulaf karışımını fırın tepsisinin dibine bastırın. En üste reçeli eşit şekilde yayın. Ezilmiş krakerleri ayrılmış yulaf karışımına ekleyin ve reçelin üzerine serpin. Yaklaşık 25 ila 30 dakika veya kenarları kızarana kadar pişirin. Bir raf üzerindeki tavada tamamen soğutun.
c) 16 kareye kesin. Dilerseniz üzerine bir parça krem şanti ekleyerek servis yapın.
d) Buzdolabında bir cam kapta saklamak onu korumaya yardımcı olacaktır.

67. Chewy Cevizli Barlar

İçindekiler:

- Yapışmaz pişirme spreyi
- 2 bardak artı
- 2 yemek kaşığı çok amaçlı un, bölünmüş
- $\frac{1}{2}$ su bardağı toz şeker
- 2 yemek kaşığı artı
- 2 çay kaşığı tereyağı
- $3\frac{1}{2}$ çay kaşığı tuzsuz tereyağı, parçalar halinde kesilmiş
- $\frac{3}{4}$ çay kaşığı artı koşer tutam tuzu, bölünmüş
- $\frac{3}{4}$ su bardağı paketlenmiş esmer şeker
- 4 büyük yumurta
- 2 çay kaşığı vanilya özü
- 1 su bardağı hafif mısır şurubu
- 2 su bardağı kıyılmış ceviz
- Yarım kesilmiş pekan cevizi

Talimatlar:

a) Fırını 340 ° F'ye önceden ısıtın. Tavayı yapışmaz bir sprey kullanarak yağlayın ve çubukları tavadan kolayca kaldırabilmeniz için iki tarafı çıkıntılı parşömen kağıdıyla hizalayın.
b) Bir blender veya mutfak robotu kullanarak un, şeker, tereyağı çeşitleri ve $\frac{3}{4}$ çay kaşığı tuzu birleşene kadar karıştırın. Karışım topaklar oluşturacaktır.
c) Hamuru hazırlanan tavaya aktarın. Tencerenin dibine sıkıca ve eşit şekilde bastırın. Kabuğu bir çatalla delin ve hafif ila orta altın rengi kahverengi olana kadar 30 ila 35 dakika pişirin.

d) Aynı mutfak robotu kabını kullanarak esmer şeker, kalan 2 yemek kaşığı un, tutam tuz, yumurta, vanilya ve mısır şurubunu birleştirin.
e) Tamamen birleştirilene kadar nabız atın. Karışımı geniş bir kaseye alın ve cevizleri ekleyin.
f) Cevizli karışımı fırınlanmış kabuğun üzerine eşit şekilde yayın. Dekorasyon olarak dolgunun üstüne birkaç ekstra ceviz yarısı yerleştirin.
g) Tavayı tekrar fırına koyun ve ortası 35 ila 40 dakikaya ayarlanana kadar pişirin. İçi kıpırdamıyorsa, birkaç dakika daha hazırlanın; Çubukların ortasında şişmeye başladığını fark ederseniz, hemen çıkarın. Bunları bir rafa koyun ve 16 (2 inç) kareye kesmeden ve çubukları kaldırmadan önce soğumaya bırakın.
h) Depolama: Barları hava geçirmez bir kapta oda sıcaklığında 3 ila 5 gün saklayın veya 6 aya kadar dondurun. Çok yapışkan olabilirler, bu yüzden onları parşömen veya mumlu kağıda sarın.

68. Çikolata Parçalı Kurabiye Hamur Protein Barları

İçindekiler:

- 128g (½ su bardağı) Kavrulmuş Badem Ezmesi
- 270g (1 su bardağı + 2 yemek kaşığı) Şekersiz Vanilyalı Badem Sütü
- 1 çay kaşığı Vanilya Kreması Aromalı Sıvı Stevia Özü
- 1 çay kaşığı Doğal Tereyağı Aroması
- 168g (1¼ su bardağı, hafif paketlenmiş) Vanilyalı Esmer Pirinç Protein Tozu
- 80g (⅔ su bardağı) Yulaf Unu
- ⅛ çay kaşığı Tuz
- ¼ fincan Mini Yarı Tatlı Çikolata Parçaları

Parşömen kağıdı ile 8x8" bir kek kalıbını hizalayın. Kenara koyun.

Çırpıcı aparatı olan bir elektrikli stand mikser kabına badem yağı, badem sütü, stevia özü ve tereyağı aromasını ekleyin. Kuru malzemeleri hazırlarken düşük hızda karıştırın.

Orta boy bir karıştırma kabında protein tozu, yulaf unu ve tuzu birlikte çırpın. Stand mikserini kapatın ve kuru malzemeleri dökün. Karıştırıcıyı düşük hıza getirin ve kuru malzemeler tamamen karışana kadar karıştırın. Kasenin kenarlarını kazıyın, mini çikolata parçalarını ekleyin, ardından son bir karışım için düşük hıza dönün. Karışım, kurabiye hamuru gibi kalın ve cıvık olmalıdır.

Karışımı kek kalıbına alın ve üzerini düzeltin. Tavayı plastik sargı ile sıkıca örtün ve gece boyunca soğutun.

Karışımı tavadan kaldırın. 10 bara dilimleyin. Protein çubuklarını tek tek plastik sandviç poşetlere sarın ve saklamak için buzdolabında saklayın.

Verim: 10 Protein Bar

69. Yulaf Ezmeli Üzüm Kurabiye Protein Barları

İçindekiler:

- 128g (½ su bardağı) Kavrulmuş Ceviz Ezmesi

- 270g (1 su bardağı + 2 yemek kaşığı) Şekersiz Vanilyalı Badem Sütü

- 1 çay kaşığı Vanilya Kreması Aromalı Sıvı Stevia Özü

- ½ çay kaşığı Doğal Tereyağı Aroması

- 168g (1¼ su bardağı, hafif paketlenmiş) Vanilyalı Esmer Pirinç Protein Tozu

- 80g (⅔ su bardağı) Yulaf Unu

- 1½ çay kaşığı öğütülmüş tarçın

- ⅛ çay kaşığı Tuz

- ⅓ su bardağı Kuru üzüm, ikiye bölünmüş

Parşömen kağıdı ile 8x8" kek kalıbı (veya daha ince kurabiyeler için 9x9") hizalayın. Kenara koyun.

Çırpıcı aparatı olan bir elektrikli stand mikser kabına ceviz yağı, badem sütü, stevia özü ve tereyağı aromasını ekleyin. Kuru malzemeleri hazırlarken düşük hızda karıştırın.

Orta boy bir karıştırma kabında protein tozu, yulaf unu, tarçın ve tuzu karıştırın. Stand mikserini kapatın ve kuru malzemeleri dökün. Karıştırıcıyı düşük hıza getirin ve kuru malzemeler tamamen karışana kadar karıştırın. Kasenin kenarlarını kazıyın, doğranmış kuru üzümleri ekleyin, ardından son bir karışım için düşük hıza dönün. Karışım, kurabiye hamuru gibi kalın ve cıvık olmalıdır.

Karışımı kek kalıbına alın ve üzerini düzeltin. Tavayı plastik sargı ile sıkıca örtün ve gece boyunca soğutun.

Karışımı tavadan kaldırın. 9 kurabiyeyi delmek için bir daire çerez kesici kullanın (8" tava ile $2\frac{1}{2}$" kesici ve 9 "tava ile $2\frac{3}{4}$" kesici kullanın). Protein kurabiyelerini plastik sandviç poşetlere sarın ve saklamak için soğutun.

Verim: 9 Protein Kurabiyesi (artı aşçı için biraz artık!)

70. Beyaz Çikolatalı Macadamia Protein Bar

İçindekiler:

- 128g (½ su bardağı) Kavrulmuş Macadamia Yağı

- 270g (1 su bardağı + 2 yemek kaşığı) Şekersiz Vanilyalı Badem Sütü

- 1 çay kaşığı Vanilya Kreması Aromalı Sıvı Stevia Özü

- ½ çay kaşığı Doğal Tereyağı Aroması

- 168g (1¼ su bardağı, hafif paketlenmiş) Vanilyalı Esmer Pirinç Protein Tozu

- 80g (⅔ su bardağı) Yulaf Unu

- ⅛ çay kaşığı Tuz

Beyaz Çikolata Kaplama:

- 6oz Organik Beyaz Çikolata, eritilmiş

Parşömen kağıdı ile 8x8" kek kalıbı (veya daha ince kurabiyeler için 9x9") hizalayın. Kenara koyun.

Çırpıcı aparatı olan elektrikli bir stand mikser kabına macadamia yağı, badem sütü, stevia özü ve tereyağı aromasını ekleyin. Kuru malzemeleri hazırlarken düşük hızda karıştırın.

Orta boy bir karıştırma kabında protein tozu, yulaf unu ve tuzu birlikte çırpın. Stand mikserini kapatın ve kuru malzemeleri dökün. Karıştırıcıyı düşük hıza getirin ve kuru malzemeler tamamen karışana kadar karıştırın. Gerekirse kasenin kenarlarını kazıyın. Karışım, kurabiye hamuru gibi kalın ve cıvık olmalıdır.

Karışımı hazırlanan kek kalıbına alın ve üzerini düzeltin. Tavayı plastik sargı ile sıkıca örtün ve gece boyunca soğutun.

Karışımı tavadan kaldırın. 9 kurabiyeyi delmek için bir daire çerez kesici kullanın (8" tava ile $2\frac{1}{2}$" kesici veya 9 "tava ile $2\frac{3}{4}$" kesici kullanın).

Jöle rulo tepsisinin üzerine bir silikon pişirme matı yerleştirin ve üstüne protein kurabiyeleri yerleştirin.

Beyaz Çikolata Kaplaması için:

Büyük bir çatalın uçlarına bir protein kurabiyesi koyun ve eritilmiş beyaz çikolataya daldırın. Büyük bir kaşıkla çikolatayı kurabiyenin üzerine gezdirin. Kurabiyeyi silikonlu pişirme matının üzerine yavaşça kaydırın. Bu işlemi protein kurabiyelerinin geri kalanıyla tekrarlayın.

Sertleşene kadar soğutun.

71. Kırmızı Kadife Kek Fudge Protein Barları

Protein Barları:

- 165g (⅔ su bardağı) Kavrulmuş Pancar Püresi
- 128g (½ su bardağı) Çiğ Badem Ezmesi
- 135 gr (½ su bardağı + 1 yemek kaşığı) Şekersiz Vanilyalı Badem Sütü
- 1 yemek kaşığı Doğal Tereyağı Aroması
- 1¼ çay kaşığı Vanilya Kreması Aromalı Sıvı Stevia Özü
- 210g (1⅔ su bardağı, hafif paketlenmiş) Çikolatalı Kahverengi Pirinç Protein Tozu
- 80g (⅔ su bardağı) Yulaf Unu
- ¼ çay kaşığı Tuz

Çikolata Kaplama:

- 6 oz Bittersweet Çikolata (%70 kakao), eritilmiş

Kavrulmuş Pancar Püresi için:

Fırınınızı önceden 350 derece Fahrenheit'e ısıtın. Yumruk büyüklüğündeki iki pancarı durulayın ve nazikçe ovalayın, ardından tamamen folyoya sarın. Pancarları 9x9 inçlik bir kek kalıbına yerleştirin ve ~1½ saat veya bir çatal pancarların arasından kolayca geçinceye kadar pişirin.

Pancarları fırından çıkarın, folyoyu dikkatlice açın ve işlenecek kadar soğuyuncaya kadar bekletin. Pancarın kabuklarını bir bıçakla kazıyın (kolayca düşeceklerdir).

Pancarları küp küp doğrayın ve mutfak robotuna alın. Tamamen pürüzsüz olana kadar püre haline getirin.

Protein Barları için:

Parşömen kağıdı ile 8x8" bir kek kalıbını hizalayın. Kenara koyun.

Çırpıcı aparatı olan elektrikli bir stand mikser kabına pancar püresi, badem yağı, badem sütü, tereyağı aroması ve stevia özü ekleyin. Kuru malzemeleri hazırlarken düşük hızda karıştırın.

Orta boy bir karıştırma kabında protein tozu, yulaf unu ve tuzu birlikte çırpın. Stand mikserini kapatın ve kuru malzemeleri dökün. Karıştırıcıyı düşük hıza getirin ve kuru malzemeler tamamen karışana kadar karıştırın. Gerekirse kasenin kenarlarını kazıyın. Karışım, kurabiye hamuru gibi kalın ve cıvık olmalıdır.

Karışımı hazırlanan kek kalıbına alın ve üzerini düzeltin. Tavayı plastik sargı ile sıkıca örtün ve gece boyunca soğutun.

Karışımı tavadan kaldırın. 10 bara dilimleyin.

Jöle rulo tepsisinin üzerine bir silikon pişirme matı yerleştirin ve protein çubuklarını üstüne yerleştirin.

Çikolata Kaplaması için:

Büyük bir kaşıkla eritilmiş çikolatayı protein çubuklarının üzerine koyun. Tüm protein çubuğunu çikolata ile kaplamaya çalışın, ancak mükemmel olması gerekmez.

Sertleşene kadar (~1 saat) soğutun. Protein çubuklarını tek tek plastik sandviç poşetlere sarın ve saklamak için buzdolabında saklayın.

Verim: 10 Protein Bar

72. Tarçınlı Rulo Protein Kareleri

Protein Barları:

- 128g (½ su bardağı) Çiğ Badem Ezmesi
- 240g (1 su bardağı) Şekersiz Vanilyalı Badem Sütü
- 63g (3 yemek kaşığı) Saf Akçaağaç Şurubu
- ¾ çay kaşığı Vanilya Kreması Aromalı Sıvı Stevia Özü
- ½ çay kaşığı Doğal Tereyağı Aroması
- 168g (1¼ su bardağı, hafif paketlenmiş) Vanilyalı Esmer Pirinç Protein Tozu
- 80g (⅔ su bardağı) Yulaf Unu
- 2 çay kaşığı Zemin Tarçın
- ¼ çay kaşığı Tuz
- Krem Peynirli Buzlanma:
- 4oz Organik Neufchâtel Krem Peynir, oda sıcaklığında
- 30g (2 yemek kaşığı) Şekersiz Vanilyalı Badem Sütü
- ¼ çay kaşığı Vanilya Kreması Aromalı Sıvı Stevia Özü
- ¼ çay kaşığı Doğal Tereyağı Aroması
- ⅛ çay kaşığı Vanilya Ezmesi (evde de yapabilirsiniz!)

Protein Barları için:

Parşömen kağıdı ile 8x8" bir kek kalıbını hizalayın. Kenara koyun.

Çırpıcı aparatı olan bir elektrikli stand mikser kabına badem yağı, badem sütü, saf akçaağaç şurubu, stevia özü ve tereyağı aromasını ekleyin. Kuru malzemeleri hazırlarken düşük hızda karıştırın.

Orta boy bir karıştırma kabında protein tozu, yulaf unu, tarçın ve tuzu karıştırın. Stand mikserini kapatın ve kuru malzemeleri dökün. Karıştırıcıyı düşük hıza getirin ve kuru malzemeler tamamen karışana kadar karıştırın. Gerekirse kasenin kenarlarını kazıyın. Karışım, kurabiye hamuru gibi kalın ve cıvık olmalıdır.

Karışımı hazırlanan kek kalıbına alın ve üzerini düzeltin. Tavayı plastik sargı ile sıkıca örtün ve gece boyunca soğutun.

Karışımı tavadan kaldırın. 9 kareye bölün.

Krem Peynirli Dondurma için:

Orta boy bir kapta krem peynir, badem sütü, stevia özü, tereyağı aroması ve vanilya ezmesini birlikte çırpın.

Karışımı yuvarlak uçlu (#804) sıkma torbasına alın. Protein karelerinin kenarları boyunca kremayı sıkın, ardından ortasını doldurun. Sıkma torbanız yoksa, kremayı bir kaşığın tersiyle çubukların üzerine yayın.

Saklamak için, bir kek kaidesinin üzerine bir yaprak parşömen kağıdı yerleştirin, üstüne protein çubuklarını yerleştirin ve bir kek kubbesi ile örtün.

73. Alman Çikolatalı Kek Protein Barları

Protein Barları:

- 128g (½ su bardağı) Kavrulmuş Pekan Yağı
- 270g (1 su bardağı + 2 yemek kaşığı) Şekersiz Vanilyalı Badem Sütü
- 1 çay kaşığı Vanilya Kreması Aromalı Sıvı Stevia Özü
- 168g (1¼ bardak, hafif paketlenmiş) Çikolatalı Kahverengi Pirinç Protein Tozu
- 80g (⅔ su bardağı) Yulaf Unu
- ⅛ çay kaşığı Hazır Kahve Granülleri
- ⅛ çay kaşığı Tuz

Çikolata Kaplama:

- 2 oz Bittersweet Çikolata (%70 kakao), eritilmiş
- 2 yemek kaşığı Yağı Azaltılmış Şekersiz Rendelenmiş Hindistan Cevizi
- 2 yemek kaşığı Kavrulmuş Pecans, doğranmış

Protein Barları için:

- Parşömen kağıdı ile 8x8" bir kek kalıbını hizalayın. Kenara koyun.

Çırpıcı aparatı olan elektrikli bir stand mikser kabına ceviz yağı, badem sütü ve stevia özü ekleyin. Kuru malzemeleri hazırlarken düşük hızda karıştırın.

Orta boy bir karıştırma kabında protein tozu, yulaf unu, hazır kahve granülleri ve tuzu birlikte çırpın. Stand mikserini kapatın ve kuru malzemeleri dökün. Karıştırıcıyı düşük hıza getirin ve kuru malzemeler tamamen karışana kadar karıştırın. Gerekirse kasenin kenarlarını kazıyın. Karışım, kurabiye hamuru gibi kalın ve cıvık olmalıdır.

Karışımı hazırlanan kek kalıbına alın ve üzerini düzeltin. Tavayı plastik sargı ile sıkıca örtün ve gece boyunca soğutun.

Karışımı tavadan kaldırın. 10 bara dilimleyin.

Jöle rulo tepsisinin üzerine bir silikon pişirme matı yerleştirin ve protein çubuklarını üstüne yerleştirin.

Çikolata Kaplaması için:

Eritilmiş çikolatayı protein çubuklarının üzerine yayın, rendelenmiş hindistan cevizi serpin ve doğranmış cevizleri üstüne bastırın.

Sertleşene kadar (~1 saat) soğutun. Protein çubuklarını tek tek plastik sandviç poşetlere sarın ve saklamak için buzdolabında saklayın.

Verim: 10 Protein Bar

74. Doğum Günü Pastası Protein Barları

Protein Barları:

- 128g (½ su bardağı) Çiğ Badem Ezmesi
- 270g (1 su bardağı + 2 yemek kaşığı) Şekersiz Vanilyalı Badem Sütü
- 1 çay kaşığı Vanilya Kreması Aromalı Sıvı Stevia Özü
- 1 çay kaşığı Doğal Tereyağı Aroması
- ⅛ çay kaşığı badem özü
- 168g (1¼ su bardağı, hafif paketlenmiş) Vanilyalı Esmer Pirinç Protein Tozu
- 80g (⅔ su bardağı) Yulaf Unu
- ⅛ çay kaşığı Tuz

Krem Peynirli Buzlanma:

- 4oz Organik Neufchâtel Krem Peynir, oda sıcaklığında
- 30g (2 yemek kaşığı) Şekersiz Vanilyalı Badem Sütü
- ¼ çay kaşığı Vanilya Kreması Aromalı Sıvı Stevia Özü
- ¼ fincan Doğal Gökkuşağı Sprinkleri

Protein Barları için:

Parşömen kağıdı ile 8x8" bir kek kalıbını hizalayın. Kenara koyun.

Çırpıcı aparatı olan elektrikli bir stand mikser kabına badem yağı, badem sütü, stevia özü, tereyağı aroması ve badem özü ekleyin. Düşük hızda karıştırın.

Orta boy bir karıştırma kabında protein tozu, yulaf unu ve tuzu birlikte çırpın. Stand mikserini kapatın ve kuru malzemeleri dökün. Karıştırıcıyı düşük hıza getirin ve kuru malzemeler tamamen karışana kadar karıştırın. Gerekirse kasenin kenarlarını kazıyın. Karışım, kurabiye hamuru gibi kalın ve cıvık olmalıdır.

Karışımı hazırlanan kek kalıbına alın ve üzerini düzeltin. Tavayı plastik sargı ile sıkıca örtün ve gece boyunca soğutun.

Karışımı tavadan kaldırın. 10 bara dilimleyin.

Krem Peynirli Dondurma için:

Orta boy bir karıştırma kabında krem peynir, badem sütü ve stevia özünü birlikte çırpın.

Kremayı protein çubuklarının üzerine dökün ve üzerine serpin serpin (sadece o gün protein çubuklarını servis edecekseniz/yiyecekseniz serpin – serpintiler bir veya iki gün sonra solar). Saklamak için, bir kek kaidesinin üzerine bir yaprak parşömen kağıdı yerleştirin, üstüne protein çubuklarını yerleştirin ve bir kek kubbesi ile örtün.

75. Havuçlu Kek Protein Barları

İçindekiler:

- 128g (½ su bardağı) Kavrulmuş Ceviz Ezmesi

- 270g (1 su bardağı + 2 yemek kaşığı) Şekersiz Vanilyalı Badem Sütü

- ¾ çay kaşığı Vanilya Kreması Aromalı Sıvı Stevia Özü

- 168g (1¼ su bardağı, hafif paketlenmiş) Vanilyalı Esmer Pirinç Protein Tozu

- 90g (¾ su bardağı) Yulaf Unu

- 1¾ çay kaşığı öğütülmüş tarçın

- ¼ çay kaşığı öğütülmüş hindistan cevizi

- ¼ çay kaşığı Tuz

- 1-1½ su bardağı Rendelenmiş Havuç

- ¼-½ fincan Yağı Azaltılmış Şekersiz Rendelenmiş Hindistan Cevizi

- ¼ su bardağı Kuru üzüm, ikiye bölünmüş

Parşömen kağıdı ile 8x8" bir kek kalıbını hizalayın. Kenara koyun.

Çırpıcı aparatı olan elektrikli bir stand mikser kabına ceviz yağı, badem sütü ve stevia özü ekleyin. Kuru malzemeleri hazırlarken düşük hızda karıştırın.

Orta boy bir karıştırma kabında protein tozu, yulaf unu, tarçın, hindistan cevizi ve tuzu birlikte çırpın. Stand mikserini kapatın ve kuru malzemeleri dökün. Karıştırıcıyı düşük hıza getirin ve malzemeler tamamen karışana kadar karıştırın. Kasenin kenarlarını kazıyın, rendelenmiş havuç, rendelenmiş hindistan cevizi ve doğranmış kuru üzümleri ekleyin, ardından son bir karışım için düşük hıza dönün. Karışım, kurabiye hamuru gibi kalın ve cıvık olmalıdır.

Karışımı kek kalıbına alın ve üzerini düzeltin. Tavayı plastik sargı ile sıkıca örtün ve gece boyunca soğutun.

Karışımı tavadan kaldırın. 10 bara dilimleyin. Protein çubuklarını tek tek plastik sandviç poşetlere sarın ve saklamak için buzdolabında saklayın.

Verim: 10 Protein Bar

76. Yedi Katmanlı Bar Protein Barları

İçindekiler:

- 128g (½ su bardağı) Kavrulmuş Pekan Yağı
- 270g (1 su bardağı + 2 yemek kaşığı) Şekersiz Vanilyalı Badem Sütü
- 1 çay kaşığı Doğal Butterscotch Aroması
- ½ çay kaşığı İngiliz Şekerleme Aromalı Sıvı Stevia Özü
- 168g (1¼ su bardağı, hafif paketlenmiş) Vanilyalı Esmer Pirinç Protein Tozu
- 80g (⅔ su bardağı) Yulaf Unu
- ⅛ çay kaşığı Tuz
- ½ fincan Graham Kraker, parçalar halinde doğranmış
- ½ fincan Yağı Azaltılmış Şekersiz Rendelenmiş Hindistan Cevizi
- ½ fincan Mini Yarı Tatlı Çikolata Parçaları

Parşömen kağıdı ile 8x8" bir kek kalıbını hizalayın. Kenara koyun.

Çırpıcı aparatı olan elektrikli bir stand mikser kabına ceviz yağı, badem sütü, karamela aroması ve stevia özü ekleyin. Kuru malzemeleri hazırlarken düşük hızda karıştırın.

Orta boy bir karıştırma kabında protein tozu, yulaf unu ve tuzu birlikte çırpın. Stand mikserini kapatın ve kuru malzemeleri dökün. Karıştırıcıyı düşük hıza getirin ve kuru malzemeler tamamen karışana kadar karıştırın. Kasenin kenarlarını kazıyın, graham kraker parçalarını, rendelenmiş hindistan cevizini ve mini çikolata parçalarını ekleyin, ardından son bir karışım için düşük hıza dönün. Karışım, kurabiye hamuru gibi kalın ve cıvık olmalıdır.

Karışımı kek kalıbına alın ve üzerini düzeltin. Tavayı plastik sargı ile örtün ve gece boyunca soğutun.

Karışımı tavadan kaldırın. 12 bara dilimleyin. Protein çubuklarını tek tek plastik sandviç poşetlere sarın ve saklamak için buzdolabında saklayın.

Verim: 12 Protein Bar

77. Balkabağı Turtası Protein Bar ısırığı

İçindekiler:

- 128g (½ su bardağı) Kavrulmuş Pekan Yağı
- 575g (2⅓ su bardağı) %100 Saf Kabak Püresi, konserve
- ¾ çay kaşığı İngiliz Şekerleme Aromalı Sıvı Stevia Özü
- 168g (1¼ su bardağı, hafif paketlenmiş) Vanilyalı Esmer Pirinç Protein Tozu
- 2 bardak Graham Kraker Kırıntısı
- 30 gr (¼ su bardağı) Yulaf Unu
- 1 yemek kaşığı Öğütülmüş Tarçın (veya 2 çay kaşığı Öğütülmüş Tarçın + 1 çay kaşığı Kabak Turtası Baharatı)
- ⅛ çay kaşığı Tuz

Parşömen kağıdı ile 8x8" bir kek kalıbını hizalayın. Kenara koyun.

Çırpıcı aparatı olan bir elektrikli stand mikser kabına ceviz yağı, balkabağı püresi ve stevia özü ekleyin. Kuru malzemeleri hazırlarken düşük hızda karıştırın.

Orta boy bir karıştırma kabında protein tozu, graham kraker kırıntıları, yulaf unu, tarçın ve tuzu birlikte çırpın. Stand mikserini kapatın ve kuru malzemeleri dökün. Karıştırıcıyı düşük hıza getirin ve kuru malzemeler tamamen karışana kadar karıştırın. Karışım, ıslak kurabiye hamuru veya kalın çörek hamuru gibi yumuşak ve pürüzsüz olmalıdır.

Karışımı kek kalıbına alın ve üzerini düzeltin. Tavayı plastik sargı ile örtün ve gece boyunca soğutun.

Karışımı tavadan kaldırın. 36 parçaya bölün. Saklamak için, bir kek kaidesinin üzerine bir sayfa parşömen kağıdı yerleştirin, üstüne protein lokmalarını yerleştirin ve bir kek kubbesi ile örtün.

Verim: 36 Protein Isırığı

78. Cevizli Turta Protein Barları

İçindekiler:

- 128g (½ su bardağı) Kavrulmuş Pekan Yağı

- 270g (1 su bardağı + 2 yemek kaşığı) Şekersiz Vanilyalı Badem Sütü

- 1 çay kaşığı İngiliz Şekerleme Aromalı Sıvı Stevia Özü

- 168g (1¼ su bardağı, hafif paketlenmiş) Vanilyalı Esmer Pirinç Protein Tozu

- 80g (⅔ su bardağı) Yulaf Unu

- 1½ çay kaşığı öğütülmüş tarçın

- ⅛ çay kaşığı Tuz

- ¼ fincan Kavrulmuş Pecans, doğranmış

Parşömen kağıdı ile 8x8" bir kek kalıbını hizalayın. Kenara koyun.

Çırpıcı aparatı olan elektrikli bir stand mikser kabına ceviz yağı, badem sütü ve stevia özü ekleyin. Kuru malzemeleri hazırlarken düşük hızda karıştırın.

Orta boy bir karıştırma kabında protein tozu, yulaf unu, tarçın ve tuzu karıştırın. Stand mikserini kapatın ve kuru malzemeleri dökün. Karıştırıcıyı düşük hıza getirin ve kuru malzemeler tamamen karışana kadar karıştırın. Gerekirse kasenin kenarlarını kazıyın. Karışım, kurabiye hamuru gibi kalın ve cıvık olmalıdır.

Karışımı kek kalıbına alın ve üzerini düzeltin. Üzerine doğranmış cevizleri serpin ve yüzeye bastırın. Tavayı plastik sargı ile sıkıca örtün ve gece boyunca soğutun.

Karışımı tavadan kaldırın. 10 bara dilimleyin. Protein çubuklarını tek tek plastik sandviç poşetlere sarın ve saklamak için buzdolabında saklayın.

Verim: 10 Protein Bar

79. Tiramisu Protein Barları

Protein Barları:

- 128g (½ su bardağı) Çiğ Badem Ezmesi
- 270g (1 su bardağı + 2 yemek kaşığı) Şekersiz Vanilyalı Badem Sütü
- 30g (2 yemek kaşığı) Demlenmiş Espresso, oda sıcaklığına soğutulmuş
- ¾ çay kaşığı Vanilya Kreması Aromalı Sıvı Stevia Özü
- 168g (1¼ su bardağı, hafif paketlenmiş) Vanilyalı Esmer Pirinç Protein Tozu
- 80g (⅔ su bardağı) Yulaf Unu
- ¼ çay kaşığı Hazır Kahve Granülleri
- ⅛ çay kaşığı Tuz

Krem Peynirli Buzlanma:

- 4oz Mascarpone, oda sıcaklığı
- 1½ çay kaşığı Şekersiz Vanilyalı Badem Sütü veya Rom
- ¼ çay kaşığı Vanilya Kreması Aromalı Sıvı Stevia Özü
- 1 yemek kaşığı Şekersiz Hollanda İşlenmiş Kakao Tozu

Protein Barları için:

Parşömen kağıdı ile 8x8" bir kek kalıbını hizalayın. Kenara koyun.

Çırpıcı aparatı olan elektrikli bir stand mikser kabına badem yağı, badem sütü, espresso ve stevia özü ekleyin. Kuru malzemeleri hazırlarken düşük hızda karıştırın.

Orta boy bir karıştırma kabında protein tozu, yulaf unu, hazır kahve granülleri ve tuzu birlikte çırpın. Stand mikserini kapatın ve kuru malzemeleri dökün. Karıştırıcıyı düşük hıza getirin ve malzemeler tamamen karışana kadar karıştırın. Gerekirse kasenin kenarlarını kazıyın. Karışım, kurabiye hamuru gibi kalın ve cıvık olmalıdır.

Karışımı hazırlanan kek kalıbına alın ve üzerini düzeltin. Tavayı plastik sargı ile sıkıca örtün ve gece boyunca soğutun.

Karışımı tavadan kaldırın. 12 bara dilimleyin.

Krem Peynirli Dondurma için:

Orta boy bir karıştırma kabında mascarpone, badem sütü (veya rom) ve stevia özünü birlikte çırpın.

Karışımı yuvarlak uçlu (#804) sıkma torbasına alın. Buzlanmayı çubukların kenarları boyunca borulayın, ardından ortasını doldurun. Sıkma torbanız yoksa, kremayı bir kaşığın tersiyle çubukların üzerine yayın.

Kakao tozunu çubukların üzerine hafifçe serpin. Saklamak için, bir kek kaidesinin üzerine bir yaprak parşömen kağıdı yerleştirin, üstüne protein çubuklarını yerleştirin ve bir kek kubbesi ile örtün.

80. S'mores Protein Barları

Protein Barları:

- 128g (½ su bardağı) Kavrulmuş Badem Ezmesi
- 270g (1 su bardağı + 2 yemek kaşığı) Şekersiz Vanilyalı Badem Sütü
- ½ çay kaşığı Vanilya Kreması Aromalı Sıvı Stevia Özü
- 168g (1¼ bardak, hafif paketlenmiş) Çikolatalı Kahverengi Pirinç Protein Tozu
- 1½ bardak Graham Kraker Kırıntıları
- ⅛ çay kaşığı Tuz
- Krem Peynirli Buzlanma:
- 12 Tamamen Doğal Vanilyalı Marshmallow
- 6 oz Bittersweet Çikolata (%70 kakao), eritilmiş
- 21g (1½ yemek kaşığı) Hindistan Cevizi Yağı, sıvı form

Protein Barları için:

Parşömen kağıdı ile 8x8" bir kek kalıbını hizalayın. Kenara koyun.

Çırpıcı aparatı olan elektrikli bir stand mikser kabına badem yağı, badem sütü ve stevia özü ekleyin. Kuru malzemeleri hazırlarken düşük hızda karıştırın.

Orta boy bir karıştırma kabında protein tozu, graham kraker kırıntıları ve tuzu birlikte çırpın. Stand mikserini kapatın ve kuru malzemeleri dökün. Karıştırıcıyı düşük hıza getirin ve malzemeler tamamen karışana kadar karıştırın. Gerekirse kasenin kenarlarını kazıyın. Karışım, kurabiye hamuru gibi kalın ve cıvık olmalıdır.

Karışımı hazırlanan kek kalıbına alın ve üzerini düzeltin. Tavayı plastik sargı ile sıkıca örtün ve gece boyunca soğutun.

Karışımı tavadan kaldırın. 12 bara dilimleyin.

Jöle rulo tepsisinin üzerine bir silikon pişirme matı yerleştirin ve protein çubuklarını üstüne yerleştirin.

Krem Peynirli Dondurma için:

Marshmallowları ikiye bölerek 24 parça elde edin. Her bir protein çubuğunun üzerine, dilimlenmiş tarafları aşağı bakacak şekilde 2 yarıya marshmallow'u hafifçe bastırın.

Hindistan cevizi yağını eritilmiş çikolataya karıştırın.

Büyük bir kaşıkla eritilmiş çikolatayı protein çubuklarının üzerine koyun. Tüm protein çubuğunu çikolata ile kaplamaya çalışın, ancak mükemmel olması gerekmez.

Sertleşene kadar (~1 saat) soğutun. Protein çubuklarını tek tek plastik sandviç poşetlere sarın ve saklamak için buzdolabında saklayın (~5 gün saklanır).

81. Nutella Fudge Protein Barları

İçindekiler:

- 128g (½ su bardağı) Kavrulmuş Fındık Ezmesi
- 270g (1 su bardağı + 2 yemek kaşığı) Şekersiz Vanilyalı Badem Sütü
- 1 çay kaşığı Vanilya Kreması Aromalı Sıvı Stevia Özü
- 168g (1¼ bardak, hafif paketlenmiş) Çikolatalı Kahverengi Pirinç Protein Tozu
- 30 gr (¼ su bardağı) Yulaf Unu
- 12g (2 yemek kaşığı) Şekersiz Hollanda İşlenmiş Kakao Tozu
- ⅛ çay kaşığı Tuz
- ¼ fincan Mini Yarı Tatlı Çikolata Parçaları (isteğe bağlı)

Parşömen kağıdı ile 8x8" bir kek kalıbını hizalayın. Kenara koyun.

Çırpıcı aparatı olan elektrikli bir stand mikser kabına fındık yağı, badem sütü ve stevia özü ekleyin. Kuru malzemeleri hazırlarken düşük hızda karıştırın.

Orta boy bir karıştırma kabında protein tozu, yulaf unu, kakao tozu ve tuzu karıştırın. Stand mikserini kapatın ve kuru malzemeleri dökün. Karıştırıcıyı düşük hıza getirin ve kuru malzemeler tamamen karışana kadar karıştırın. Kasenin kenarlarını kazıyın, isteğe bağlı mini çikolata parçalarını ekleyin, ardından son bir karışım için düşük hıza dönün. Karışım, kurabiye hamuru gibi kalın ve cıvık olmalıdır.

Karışımı kek kalıbına alın ve üzerini düzeltin. Tavayı plastik sargı ile sıkıca örtün ve gece boyunca soğutun.

Karışımı tavadan kaldırın. 10 bara dilimleyin. Protein çubuklarını tek tek plastik sandviç poşetlere sarın ve saklamak için buzdolabında saklayın.

Verim: 10 Protein Bar

82. Mocha Fudge Protein Barları

İçindekiler:

- 128g (½ su bardağı) Kavrulmuş Badem Ezmesi
- 160g (⅔ su bardağı) Şekersiz Vanilyalı Badem Sütü
- 120g (½ fincan) Demlenmiş Espresso, oda sıcaklığına soğutulmuş
- 1 çay kaşığı Vanilya Kreması Aromalı Sıvı Stevia Özü
- 168g (1¼ bardak, hafif paketlenmiş) Çikolatalı Kahverengi Pirinç Protein Tozu
- 80g (⅔ su bardağı) Yulaf Unu
- 10g (2 yemek kaşığı) Şekersiz Doğal Kakao Tozu
- ⅛ çay kaşığı Tuz
- ¼ fincan Mini Yarı Tatlı Çikolata Parçaları (isteğe bağlı)

Parşömen kağıdı ile 8x8" bir kek kalıbını hizalayın. Kenara koyun.

Çırpıcı aparatı olan elektrikli bir stand mikser kabına badem yağı, badem sütü, espresso ve stevia özü ekleyin. Kuru malzemeleri hazırlarken düşük hızda karıştırın.

Orta boy bir karıştırma kabında protein tozu, yulaf unu, kakao tozu ve tuzu karıştırın. Stand mikserini kapatın ve kuru malzemeleri dökün. Karıştırıcıyı düşük hıza getirin ve kuru malzemeler tamamen karışana kadar karıştırın. Kasenin kenarlarını kazıyın, isteğe bağlı mini çikolata parçalarını ekleyin, ardından son bir karışım için düşük hıza dönün. Karışım, kurabiye hamuru gibi kalın ve cıvık olmalıdır.

Karışımı kek kalıbına alın ve üzerini düzeltin. Tavayı plastik sargı ile sıkıca örtün ve gece boyunca soğutun.

Karışımı tavadan kaldırın. 10 bara dilimleyin. Protein çubuklarını tek tek plastik sandviç poşetlere sarın ve saklamak için buzdolabında saklayın.

Verim: 10 Protein Bar

83. Karamel Macchiato Protein Barları

Protein Barları:

- 128g (½ su bardağı) Kavrulmuş Kaju Ezmesi
- 160g (⅔ su bardağı) Şekersiz Vanilyalı Badem Sütü
- 120g (½ fincan) Demlenmiş Espresso, oda sıcaklığına soğutulmuş
- 1 tatlı kaşığı Vanilya Ezmesi (evde de yapabilirsiniz!)
- 1 çay kaşığı İngiliz Şekerleme Aromalı Sıvı Stevia Özü
- 168g (1¼ su bardağı, hafif paketlenmiş) Vanilyalı Esmer Pirinç Protein Tozu
- 120g (1 su bardağı) Yulaf Unu
- ⅛ çay kaşığı Tuz
- Karamel-Kahve Buzlanma:
- 105g (⅓ su bardağı) Organik Karamel Sos
- 63g (½ fincan, hafif paketlenmiş) Vanilyalı Kahverengi Pirinç Protein Tozu
- ½ çay kaşığı Hazır Kahve Granülleri

Protein Barları için:

Parşömen kağıdı ile 8x8" bir kek kalıbını hizalayın. Kenara koyun.

Çırpıcı aparatı olan elektrikli bir stand mikser kabına kaju yağı, badem sütü, espresso, vanilya ezmesi ve stevia özü ekleyin.

Kuru malzemeleri hazırlarken düşük hızda karıştırın.

Orta boy bir karıştırma kabında protein tozu, yulaf unu ve tuzu birlikte çırpın. Stand mikserini kapatın ve kuru malzemeleri dökün. Karıştırıcıyı düşük hıza getirin ve kuru malzemeler tamamen karışana kadar karıştırın. Gerekirse kasenin kenarlarını kazıyın. Karışım, kurabiye hamuru gibi kalın ve cıvık olmalıdır.

Karışımı hazırlanan kek kalıbına alın ve üzerini düzeltin.

Karamel-Kahveli Frosting için:

Küçük bir kapta karamel sosu, protein tozunu ve hazır kahve granüllerini çırpın. Karışım kalın ve hafif yapışkan olmalıdır.

Karışımı protein bar tabanına dökün ve bir kaşığın tersiyle tepsinin kenarlarına yayın. Buzdolabında ağzı açık şekilde 1 saat bekletin.

Karışımı tavadan kaldırın. 12 bara dilimleyin. Saklamak için, bir kek kaidesinin üzerine bir yaprak parşömen kağıdı yerleştirin, üstüne protein çubuklarını yerleştirin ve bir kek kubbesi ile örtün.

84. Nane Çikolatalı Protein Barları

Protein Barları:

- 270g (1 su bardağı + 2 yemek kaşığı) Şekersiz Vanilyalı Badem Sütü
- 3 su bardağı paketlenmiş Organik Bebek Ispanak
- 128g (½ su bardağı) Çiğ Badem Ezmesi
- 2 çay kaşığı Vanilya Kreması Aromalı Sıvı Stevia Özü
- 2 çay kaşığı nane aroması
- 168g (1¼ su bardağı, hafif paketlenmiş) Vanilyalı Esmer Pirinç Protein Tozu
- 120g (1 su bardağı) Yulaf Unu
- 1½ yemek kaşığı Psyllium Kabuğu Tozu
- ⅛ çay kaşığı Tuz

Çikolata Kaplama:

- 6 oz Bittersweet Çikolata (%70 kakao), eritilmiş
- 2 çay kaşığı nane aroması

Protein Barları için:

Parşömen kağıdı ile 8x8" bir kek kalıbını hizalayın. Kenara koyun.

Bir mutfak robotunda badem sütü ve ıspanağı tamamen pürüzsüz olana kadar karıştırın.

Çırpıcı aparatı olan elektrikli bir stand mikser kabına "yeşil badem sütü" karışımı, badem yağı, stevia özü ve nane aromasını ekleyin. Kuru malzemeleri hazırlarken düşük hızda karıştırın.

Orta boy bir karıştırma kabında protein tozu, yulaf unu, pisilyum kabuğu tozu ve tuzu birlikte çırpın. Stand mikserini kapatın ve kuru malzemeleri dökün. Karıştırıcıyı düşük hıza getirin ve kuru malzemeler tamamen karışana kadar karıştırın. Gerekirse kasenin kenarlarını kazıyın. Karışım, kurabiye hamuru gibi kalın ve cıvık olmalıdır.

Karışımı hazırlanan kek kalıbına alın ve üzerini düzeltin. Tavayı plastik sargı ile sıkıca örtün ve gece boyunca soğutun.

Karışımı tavadan kaldırın. 12 bara dilimleyin.

Jöle rulo tepsisinin üzerine bir silikon pişirme matı yerleştirin ve protein çubuklarını üstüne yerleştirin.

Çikolata Kaplaması için:

Nane aromasını eritilmiş çikolataya karıştırın.

Büyük bir kaşıkla eritilmiş çikolatayı protein çubuklarının üzerine koyun. Tüm protein çubuğunu çikolata ile kaplamaya çalışın, ancak mükemmel olması gerekmez.

Sertleşene kadar (~1 saat) soğutun. Protein çubuklarını tek tek plastik sandviç poşetlere sarın ve saklamak için buzdolabında saklayın (~4 gün saklanır).

Verim: 12 Protein Bar

85. Milyonerin Protein Barları

Protein Barları:

- 128g (½ su bardağı) Kavrulmuş Badem Ezmesi
- 270g (1 su bardağı + 2 yemek kaşığı) Şekersiz Vanilyalı Badem Sütü
- 1 tatlı kaşığı Vanilya Ezmesi (evde de yapabilirsiniz!)
- 1 çay kaşığı Vanilya Kreması Aromalı Sıvı Stevia Özü
- 168g (1¼ su bardağı, hafif paketlenmiş) Vanilyalı Esmer Pirinç Protein Tozu
- 90g (¾ su bardağı) Yulaf Unu
- ⅛ çay kaşığı Kıyılmış Deniz Tuzu
- Tuzlu Karamel Buzlanma:
- 105g (⅓ su bardağı) Organik Karamel Sos
- 63g (½ fincan, hafif paketlenmiş) Vanilyalı Kahverengi Pirinç Protein Tozu
- ⅛ çay kaşığı Kıyılmış Deniz Tuzu
- Çikolata-Badem Kaplama:
- 6 oz Bademli Bitter Çikolata

Protein Barları için:

Parşömen kağıdı ile 8x8" bir kek kalıbını hizalayın. Kenara koyun.

Çırpıcı aparatı olan bir elektrikli stand mikser kabına badem yağı, badem sütü, vanilya ezmesi ve stevia özü ekleyin. Kuru malzemeleri hazırlarken düşük hızda karıştırın.

Orta boy bir karıştırma kabında protein tozu, yulaf unu ve tuzu birlikte çırpın. Stand mikserini kapatın ve kuru malzemeleri dökün. Karıştırıcıyı düşük hıza getirin ve kuru malzemeler tamamen karışana kadar karıştırın. Gerekirse kasenin kenarlarını kazıyın. Karışım, kurabiye hamuru gibi kalın ve cıvık olmalıdır.

Karışımı hazırlanan kek kalıbına alın ve üzerini düzeltin. Tavayı plastik sargı ile sıkıca örtün ve gece boyunca soğutun.

Tuzlu Karamel Frosting için:

Küçük bir kapta karamel sosu, protein tozu ve tuzu karıştırın. Karışım kalın ve hafif yapışkan olmalıdır.

Karışımı protein bar tabanının üzerine dökün ve bir kaşığın tersiyle tepsinin kenarlarına yayın. Buzdolabında ağzı açık şekilde 1 saat bekletin.

Karışımı tavadan kaldırın. 12 bara dilimleyin.

Jöle rulo tepsisinin üzerine bir silikon pişirme matı yerleştirin ve protein çubuklarını üstüne yerleştirin.

Çikolata-Badem Kaplama için:

Büyük bir kaşıkla eritilmiş çikolatayı protein çubuklarının üzerine koyun. Tüm çubuğu çikolatayla kaplamaya çalışın, ancak mükemmel olması gerekmez. Dekorasyon için barları biraz tuzla doldurmaktan çekinmeyin!

Sertleşene kadar (~1 saat) soğutun. Protein çubuklarını tek tek plastik sandviç poşetlere sarın ve saklamak için buzdolabında saklayın.

Verim: 12 Protein Bar

86. Scotcheroo Protein Barları

Protein Barları:

- 128g (½ su bardağı) Doğal Kavrulmuş Fıstık Ezmesi
- 210 gr (½ su bardağı + 2 yemek kaşığı) Saf Akçaağaç Şurubu
- 1 çay kaşığı Doğal Butterscotch Aroması
- 65g (⅔ fincan) Vanilya Peynir Altı Suyu Protein Tozu
- ¼ çay kaşığı Tuz
- 150g (5 bardak) Çıtır Esmer Pirinç Gevreği
- Çikolata Tepesi:
- 3oz Organik Sütlü Çikolata (%34 kakao), eritilmiş

Protein Barları için:

Parşömen kağıdı ile 8x8" bir kek kalıbını hizalayın. Kenara koyun.

Büyük bir karıştırma kabında fıstık ezmesi, saf akçaağaç şurubu ve karamela aromasını silikon bir spatula ile karıştırın.

Karışım pürüzsüz ve homojen hale geldiğinde protein tozu ve tuzu ilave edin.

Çıtır kahverengi pirinç gevreğini dikkatlice katlayın. Tahıl tamamen eklendiğinde, karışımı hazırlanan kek tepsisine alın ve silikon spatula ile düzleştirin.

Çikolata Tepesi için:

Eritilmiş çikolatayı scotchero tabanının üzerine dökün ve çikolata tüm yüzeyi kaplayana kadar tavayı eğin. Sertleşene kadar (~1 saat) soğutun.

Karışımı tavadan kaldırın. 32, 2x1" çubuklara dilimleyin. Scotchero'ları plastik sandviç poşetlere sarın ve saklamak için soğutun.

Verim: 32 Scotcheroos

87. Elvis Protein Barları

Verim: 10 Protein Bar

İçindekiler:

- 128g (½ su bardağı) Doğal Kavrulmuş Fıstık Ezmesi
- 240g (1 su bardağı) Şekersiz Vanilyalı Badem Sütü
- 1 çay kaşığı Vanilya Kreması Aromalı Sıvı Stevia Özü
- ½ çay kaşığı Muz Aroması
- 168g (1¼ su bardağı, hafif paketlenmiş) Vanilyalı Esmer Pirinç Protein Tozu
- ½ su bardağı Dondurularak Kurutulmuş Muz, toz haline getirilmiş (öğüttükten sonra ölçün)
- 40g (⅓ su bardağı) Yulaf Unu
- ⅛ çay kaşığı Tuz
- ¼ fincan Pastırma Bitleri

a) Parşömen kağıdı ile 8x8" bir kek kalıbını hizalayın. Kenara koyun.

b) Çırpıcı aparatı olan bir elektrikli stand mikser kabına fıstık ezmesi, badem sütü, stevia özü ve muz aromasını ekleyin. Kuru malzemeleri hazırlarken düşük hızda karıştırın.

c) Orta boy bir karıştırma kabında protein tozu, muz tozu, yulaf unu ve tuzu birlikte çırpın. Stand mikserini kapatın ve kuru malzemeleri dökün. Karıştırıcıyı düşük hıza getirin ve kuru malzemeler tamamen karışana kadar karıştırın. Kasenin kenarlarını kazıyın, pastırma parçalarını ekleyin, ardından son bir karışım için düşük hıza dönün. Karışım, kurabiye hamuru gibi kalın ve cıvık olmalıdır.

d) Karışımı kek kalıbına alın ve üzerini düzeltin. Tavayı plastik sargı ile sıkıca örtün ve gece boyunca soğutun.

e) Karışımı tavadan kaldırın. 10 bara dilimleyin. Protein çubuklarını tek tek plastik sandviç poşetlere sarın ve saklamak için buzdolabında saklayın (~5 gün saklanır).

88. Fıstık Ezmesi ve Jöle Protein Barları

İçindekiler:

- 128g (½ su bardağı) Doğal Kavrulmuş Fıstık Ezmesi

- 270g (1 su bardağı + 2 yemek kaşığı) Şekersiz Vanilyalı Badem Sütü

- ¾ çay kaşığı Vanilya Kreması Aromalı Sıvı Stevia Özü

- 168g (1¼ su bardağı, hafif paketlenmiş) Vanilyalı Esmer Pirinç Protein Tozu

- 80g (⅔ su bardağı) Yulaf Unu

- ¼ çay kaşığı Tuz

- 10 çay kaşığı %100 Meyveli Çilek Ezmesi (veya başka bir meyve aroması)

- ¼ su bardağı kavrulmuş fıstık, doğranmış

Parşömen kağıdı ile 8x8" bir kek kalıbını hizalayın. Kenara koyun.

Çırpıcı eki olan elektrikli bir stand mikser kabına fıstık ezmesi, badem sütü ve stevia özü ekleyin. Kuru malzemeleri hazırlarken düşük hızda karıştırın.

Orta boy bir karıştırma kabında protein tozu, yulaf unu ve tuzu birlikte çırpın. Stand mikserini kapatın ve kuru malzemeleri dökün. Karıştırıcıyı düşük hıza getirin ve kuru malzemeler tamamen karışana kadar karıştırın. Gerekirse kasenin kenarlarını kazıyın. Karışım, kurabiye hamuru gibi kalın ve cıvık olmalıdır.

Karışımı kek kalıbına alın ve üzerini düzeltin. Tavayı plastik sargı ile sıkıca örtün ve gece boyunca soğutun.

Karışımı tavadan kaldırın. 10 bara dilimleyin. Meyveleri protein çubuklarının üzerine yayın (her çubuk için 1 çay kaşığı) ve üzerine kıyılmış fıstık serpin. Saklamak için, bir kek kaidesinin üzerine bir yaprak parşömen kağıdı yerleştirin, üstüne protein çubuklarını yerleştirin ve bir kek kubbesi ile örtün.

Verim: 10 Protein Bar

89. Matcha Yeşil Çay Badem Fudge Protein Barları

İçindekiler:

- 128g (½ su bardağı) Kavrulmuş Badem Ezmesi
- 240g (1 su bardağı) Şekersiz Vanilyalı Badem Sütü
- 1 çay kaşığı Vanilya Kreması Aromalı Sıvı Stevia Özü
- ½ çay kaşığı Badem Özü
- 168g (1¼ su bardağı, hafif paketlenmiş) Vanilyalı Esmer Pirinç Protein Tozu
- 40g (⅓ su bardağı) Yulaf Unu
- 5 çay kaşığı Matcha Tozu
- ⅛ çay kaşığı Tuz
- 1 oz Organik Beyaz Çikolata, eritilmiş

Parşömen kağıdı ile 8x8" bir kek kalıbını hizalayın. Kenara koyun.

Çırpıcı aparatı olan elektrikli bir stand mikser kabına badem yağı, badem sütü, stevia özü ve badem özü ekleyin. Kuru malzemeleri hazırlarken düşük hızda karıştırın.

Orta boy bir kapta protein tozu, yulaf unu, matcha ve tuzu birlikte çırpın. Stand mikserini kapatın ve kuru malzemeleri dökün.

Karıştırıcıyı düşük hıza getirin ve malzemeler tamamen karışana kadar karıştırın. Gerekirse kasenin kenarlarını kazıyın. Karışım kurabiye hamuru gibi cıvık olmalı.

Karışımı kek kalıbına alın ve üzerini düzeltin. Tavayı plastik sargı ile sıkıca örtün ve gece boyunca soğutun.

Karışımı tavadan kaldırın. 10 bara dilimleyin.

Eritilmiş beyaz çikolatayı barların üzerine gezdirin. Sertleşene kadar soğutun (~30 dakika).

Protein çubuklarını tek tek plastik sandviç poşetlere sarın ve saklamak için buzdolabında saklayın.

Verim: 10 Protein Bar

90. Süper Yeşiller Fudge Protein Barları

İçindekiler:

- 128g (½ su bardağı) Çiğ Badem Ezmesi
- 270g (1 su bardağı + 2 yemek kaşığı) Şekersiz Vanilyalı Badem Sütü
- 1 çay kaşığı Vanilya Kreması Aromalı Sıvı Stevia Özü
- 40 damla Alkolsüz Sıvı Klorofil Konsantresi (isteğe bağlı, sadece daha güzel bir yeşil renk için)
- 168g (1¼ su bardağı, hafif paketlenmiş) Vanilyalı Esmer Pirinç Protein Tozu
- 60 gr (½ su bardağı) Yulaf Unu
- 50g (⅓ fincan, paketlenmiş) Orijinal Amazing Grass Amazing Yemek Tozu
- ⅛ çay kaşığı Tuz
- ¼ fincan Mini Yarı Tatlı Çikolata Parçaları veya Kakao Uçları

Parşömen kağıdı ile 8x8" bir kek kalıbını hizalayın. Kenara koyun.

Çırpıcı aparatı olan elektrikli bir stand mikser kabına badem yağı, badem sütü, stevia özü ve isteğe bağlı sıvı klorofil ekleyin. Kuru malzemeleri hazırlarken düşük hızda karıştırın.

Orta boy bir kapta protein tozu, yulaf unu, Amazing Grass Amazing Meal tozu ve tuzu karıştırın. Stand mikserini kapatın ve kuru malzemeleri dökün. Karıştırıcıyı düşük hıza getirin ve kuru malzemeler tamamen karışana kadar karıştırın. Gerekirse kasenin kenarlarını kazıyın. Karışım, kurabiye hamuru gibi kalın ve cıvık olmalıdır.

Karışımı hazırlanan kek kalıbına alın ve üzerini düzeltin. Mini çikolata parçalarını veya kakao parçalarını üstüne serpin ve yüzeye bastırın. Tavayı plastik sargı ile sıkıca örtün ve gece boyunca soğutun.

Karışımı tavadan kaldırın. 10 bara dilimleyin. Protein çubuklarını tek tek plastik sandviç poşetlere sarın ve saklamak için buzdolabında saklayın (~5 gün saklanır).

Verim: 10 Protein Bar

91. Pompalanmış Protein Barları

Protein Barları:

- 128g (½ su bardağı) Kavrulmuş Badem Ezmesi
- 270g (1 su bardağı + 2 yemek kaşığı) Şekersiz Vanilyalı Badem Sütü
- 1 çay kaşığı Vanilya Kreması Aromalı Sıvı Stevia Özü
- 168g (1¼ bardak, hafif paketlenmiş) Çikolatalı Kahverengi Pirinç Protein Tozu
- 80g (⅔ su bardağı) Yulaf Unu
- ⅛ çay kaşığı Tuz

Karamel Katmanı:

- 105g (⅓ su bardağı) Organik Karamel Sos
- 63g (½ fincan, hafif paketlenmiş) Vanilyalı Kahverengi Pirinç Protein Tozu
- Çikolata-Badem Kaplama:

6oz Tuzlu Bademli Sütlü Çikolata, eritilmiş

Protein Barları için:

Parşömen kağıdı ile 8x8" bir kek kalıbını hizalayın. Kenara koyun.

Çırpıcı aparatı olan elektrikli bir stand mikser kabına badem yağı, badem sütü ve stevia özü ekleyin. Kuru malzemeleri hazırlarken düşük hızda karıştırın.

Orta boy bir karıştırma kabında protein tozu, yulaf unu ve tuzu birlikte çırpın. Stand mikserini kapatın ve kuru malzemeleri dökün. Karıştırıcıyı düşük hıza getirin ve kuru malzemeler tamamen karışana kadar karıştırın. Gerekirse kasenin kenarlarını kazıyın. Karışım, kurabiye hamuru gibi kalın ve cıvık olmalıdır.

Karışımı hazırlanan kek kalıbına alın ve üzerini düzeltin.

Karamel Katmanı için:

Küçük bir kapta karamel sosu ve protein tozunu karıştırın. Karışım kalın ve hafif yapışkan olmalıdır.

Karışımı protein bar tabanının üzerine dökün ve bir kaşığın tersiyle tepsinin kenarlarına yayın. Buzdolabında ağzı açık şekilde 1 saat bekletin.

Karışımı tavadan kaldırın. 12 bara dilimleyin.

Jöle rulo tepsisinin üzerine bir silikon pişirme matı yerleştirin ve protein çubuklarını üstüne yerleştirin.

Çikolata-Badem Kaplama için:

Büyük bir kaşıkla eritilmiş çikolatayı protein çubuklarının üzerine koyun. Tüm çubuğu çikolatayla kaplamaya çalışın, ancak mükemmel olması gerekmez.

Sertleşene kadar (~1 saat) soğutun. Protein çubuklarını tek tek plastik sandviç poşetlere sarın ve saklamak için buzdolabında saklayın.

92. Rendelenmiş Protein Barları

Protein Barları:

- 128g (½ su bardağı) Kavrulmuş Badem Ezmesi
- 270g (1 su bardağı + 2 yemek kaşığı) Şekersiz Vanilyalı Badem Sütü
- 1 çay kaşığı Vanilya Kreması Aromalı Sıvı Stevia Özü
- ½ çay kaşığı Doğal Tereyağı Aroması
- 168g (1¼ su bardağı, hafif paketlenmiş) Vanilyalı Esmer Pirinç Protein Tozu
- 80g (⅔ su bardağı) Yulaf Unu
- ⅛ çay kaşığı Tuz

Karamel Katmanı:

- 105g (⅓ su bardağı) Organik Karamel Sos
- 63g (½ fincan, hafif paketlenmiş) Vanilyalı Kahverengi Pirinç Protein Tozu

Çikolata Kaplama:

- 6oz Organik Sütlü Çikolata (%34 kakao), eritilmiş

Protein Barları için:

Parşömen kağıdı ile 8x8" bir kek kalıbını hizalayın. Kenara koyun.

Çırpıcı aparatı olan bir elektrikli stand mikser kabına badem yağı, badem sütü, stevia özü ve tereyağı aromasını ekleyin. Kuru malzemeleri hazırlarken düşük hızda karıştırın.

Orta boy bir karıştırma kabında protein tozu, yulaf unu ve tuzu birlikte çırpın. Stand mikserini kapatın ve kuru malzemeleri dökün. Karıştırıcıyı düşük hıza getirin ve kuru malzemeler tamamen karışana kadar karıştırın. Gerekirse kasenin kenarlarını kazıyın. Karışım, kurabiye hamuru gibi kalın ve cıvık olmalıdır.

Karışımı hazırlanan kek kalıbına alın ve üzerini düzeltin.

Karamel Katmanı için:

Küçük bir kapta karamel sosu ve protein tozunu karıştırın. Karışım kalın ve hafif yapışkan olmalıdır.

Karışımı protein bar tabanının üzerine dökün ve bir kaşığın tersiyle tepsinin kenarlarına yayın. Buzdolabında ağzı açık şekilde 1 saat bekletin.

Karışımı tavadan kaldırın. 12 bara dilimleyin.

Jöle rulo tepsisinin üzerine bir silikon pişirme matı yerleştirin ve protein çubuklarını üstüne yerleştirin.

Çikolata Kaplaması için:

Büyük bir kaşıkla eritilmiş çikolatayı protein çubuklarının üzerine koyun. Tüm çubuğu çikolatayla kaplamaya çalışın, ancak mükemmel olması gerekmez.

Sertleşene kadar (~1 saat) soğutun. Protein çubuklarını tek tek plastik sandviç poşetlere sarın ve saklamak için buzdolabında saklayın.

Verim: 12 Protein Bar

93. Biftek Protein Barları

Protein Barları:

- 128g (½ su bardağı) Doğal Kavrulmuş Fıstık Ezmesi
- 270g (1 su bardağı + 2 yemek kaşığı) Şekersiz Vanilyalı Badem Sütü
- 1 çay kaşığı Vanilya Kreması Aromalı Sıvı Stevia Özü
- 168g (1¼ su bardağı, hafif paketlenmiş) Vanilyalı Esmer Pirinç Protein Tozu
- 80g (⅔ su bardağı) Yulaf Unu
- ⅛ çay kaşığı Tuz

Karamel Katmanı:

- 105g (⅓ su bardağı) Organik Karamel Sos
- 63g (½ fincan, hafif paketlenmiş) Vanilyalı Kahverengi Pirinç Protein Tozu
- ¼ su bardağı kavrulmuş fıstık

Çikolata Kaplama:

- 6oz Organik Sütlü Çikolata (%34 kakao), eritilmiş

Protein Barları için:

Parşömen kağıdı ile 8x8" bir kek kalıbını hizalayın. Kenara koyun.

Çırpıcı eki olan elektrikli bir stand mikser kabına fıstık ezmesi, badem sütü ve stevia özü ekleyin. Kuru malzemeleri hazırlarken düşük hızda karıştırın.

Orta boy bir karıştırma kabında protein tozu, yulaf unu ve tuzu birlikte çırpın. Stand mikserini kapatın ve kuru malzemeleri dökün. Karıştırıcıyı düşük hıza getirin ve kuru malzemeler tamamen karışana kadar karıştırın. Gerekirse kasenin kenarlarını kazıyın. Karışım, kurabiye hamuru gibi kalın ve cıvık olmalıdır.

Karışımı hazırlanan kek kalıbına alın ve üzerini düzeltin.

Karamel Katmanı için:

Küçük bir kapta karamel sosu ve protein tozunu karıştırın. Karışım kalın ve hafif yapışkan olmalıdır.

Karışımı protein bar tabanına dökün ve bir kaşığın tersiyle tepsinin kenarlarına yayın. Üzerine kıyılmış fıstıkları serpin ve yüzeye bastırın. Buzdolabında ağzı açık şekilde 1 saat bekletin.

Karışımı tavadan kaldırın. 12 bara dilimleyin.

Jöle rulo tepsisinin üzerine bir silikon pişirme matı yerleştirin ve protein çubuklarını üstüne yerleştirin.

Çikolata Kaplaması için:

Büyük bir kaşıkla eritilmiş çikolatayı protein çubuklarının üzerine koyun. Tüm çubuğu çikolatayla kaplamaya çalışın, ancak mükemmel olması gerekmez.

Sertleşene kadar (~1 saat) soğutun. Protein çubuklarını tek tek plastik sandviç poşetlere sarın ve saklamak için buzdolabında saklayın.

Verim: 12 Protein Bar

94. Buff Protein Barlarında

Protein Barları:

- 128g (½ su bardağı) Doğal Kavrulmuş Fıstık Ezmesi
- 270g Şekersiz Vanilyalı Badem Sütü
- 1 çay kaşığı Vanilya Kreması Aromalı Sıvı Stevia Özü
- 168g (1¼ su bardağı, hafif paketlenmiş) Vanilyalı Esmer Pirinç Protein Tozu
- 80g (⅔ su bardağı) Yulaf Unu
- ⅛ çay kaşığı Tuz

Çikolata Kaplama:

- 6oz Organik Sütlü Çikolata (%34 kakao), eritilmiş

Protein Barları için:

Parşömen kağıdı ile 8x8" bir kek kalıbını hizalayın. Kenara koyun.

Çırpıcı eki olan elektrikli bir stand mikser kabına fıstık ezmesi, badem sütü ve stevia özü ekleyin. Kuru malzemeleri hazırlarken düşük hızda karıştırın.

Orta boy bir karıştırma kabında protein tozu, yulaf unu ve tuzu birlikte çırpın. Stand mikserini kapatın ve kuru malzemeleri dökün. Karıştırıcıyı düşük hıza getirin ve kuru malzemeler tamamen karışana kadar karıştırın. Gerekirse kasenin kenarlarını kazıyın. Karışım, kurabiye hamuru gibi kalın ve cıvık olmalıdır.

Karışımı hazırlanan kek kalıbına alın ve üzerini düzeltin. Tavayı plastik sargı ile sıkıca örtün ve gece boyunca soğutun.

Karışımı tavadan kaldırın. 10 bara dilimleyin.

Jöle rulo tepsisinin üzerine bir silikon pişirme matı yerleştirin ve protein çubuklarını üstüne yerleştirin.

Çikolata Kaplaması için:

Büyük bir kaşıkla eritilmiş çikolatayı protein çubuklarının üzerine koyun. Tüm çubuğu çikolatayla kaplamaya çalışın, ancak mükemmel olması gerekmez.

Sertleşene kadar (~1 saat) soğutun. Protein çubuklarını tek tek plastik sandviç poşetlere sarın ve saklamak için buzdolabında saklayın.

Verim: 10 Protein Bar

95. Hadi Protein Barlarında Yarışalım

Protein Barları:

- 128g (½ su bardağı) Doğal Kavrulmuş Fıstık Ezmesi
- 270g (1 su bardağı + 2 yemek kaşığı) Şekersiz Vanilyalı Badem Sütü
- 1 çay kaşığı Vanilya Kreması Aromalı Sıvı Stevia Özü
- 168g (1¼ su bardağı, hafif paketlenmiş) Vanilyalı Esmer Pirinç Protein Tozu
- 80g (⅔su bardağı) Yulaf Unu
- ⅛ çay kaşığı Tuz

Malzemeler:

- 105g (⅓su bardağı) Organik Karamel Sos
- 63g (½ fincan, hafif paketlenmiş) Vanilyalı Kahverengi Pirinç Protein Tozu
- 24 çubuk kraker
- ¼ su bardağı kavrulmuş fıstık, doğranmış

Çikolata Kaplama:

- 6oz Organik Sütlü Çikolata (%34 kakao), eritilmiş

Protein Barları için:

Parşömen kağıdı ile 8x8" bir kek kalıbını hizalayın. Kenara koyun.

Çırpıcı eki olan elektrikli bir stand mikser kabına fıstık ezmesi, badem sütü ve stevia özü ekleyin. Kuru malzemeleri hazırlarken düşük hızda karıştırın.

Orta boy bir karıştırma kabında protein tozu, yulaf unu ve tuzu birlikte çırpın. Stand mikserini kapatın ve kuru malzemeleri dökün. Karıştırıcıyı düşük hıza getirin ve kuru malzemeler tamamen karışana kadar karıştırın. Gerekirse kasenin kenarlarını kazıyın. Karışım, kurabiye hamuru gibi kalın ve cıvık olmalıdır.

Karışımı hazırlanan kek kalıbına alın ve üzerini düzeltin.

Topingler için:

Küçük bir kapta karamel sosu ve protein tozunu karıştırın. Karışım kalın ve hafif yapışkan olmalıdır.

Karışımı protein bar tabanının üzerine dökün ve bir kaşığın tersiyle tepsinin kenarlarına yayın. Pretzel çubuklarını (çubuk başına iki çubuk kraker) ve kıyılmış fıstıkları karamelin içine bastırın. Buzdolabında ağzı açık şekilde 1 saat bekletin.

Karışımı tavadan kaldırın. 12 bara dilimleyin.

Jöle rulo tepsisinin üzerine bir silikon pişirme matı yerleştirin ve protein çubuklarını üstüne yerleştirin.

Çikolata Kaplaması için:

Büyük bir kaşıkla eritilmiş çikolatayı protein çubuklarının üzerine koyun. Tüm çubuğu çikolatayla kaplamaya çalışın, ancak mükemmel olması gerekmez.

Sertleşene kadar (~1 saat) soğutun. Protein çubuklarını tek tek plastik sandviç poşetlere sarın ve saklamak için buzdolabında saklayın (~1 hafta tutar, ancak simit ilk birkaç gün en çıtır halinde olacaktır).

Verim: 12 Protein Bar

96. Sağlıklı Tombul Koca Protein Barları

Protein Barları:

- 128g (½ su bardağı) Doğal Kavrulmuş Fıstık Ezmesi
- 270g (1 su bardağı + 2 yemek kaşığı) Şekersiz Vanilyalı Badem Sütü
- 1 çay kaşığı Vanilya Kreması Aromalı Sıvı Stevia Özü
- 168g (1¼ su bardağı, hafif paketlenmiş) Vanilyalı Esmer Pirinç Protein Tozu
- 80g (⅔su bardağı) Yulaf Unu
- ¼ çay kaşığı Tuz

Malzemeler:

- 2 oz Bittersweet Çikolata (%70 kakao), eritilmiş
- ~1½ bardak Pretzel Sticks, 1¼" parçalar halinde doğranmış

Protein Barları için:

Parşömen kağıdı ile 8x8" bir kek kalıbını hizalayın. Kenara koyun.

Çırpıcı eki olan elektrikli bir stand mikser kabına fıstık ezmesi, badem sütü ve stevia özü ekleyin. Kuru malzemeleri hazırlarken düşük hızda karıştırın.

Orta boy bir karıştırma kabında protein tozu, yulaf unu ve tuzu birlikte çırpın. Stand mikserini kapatın ve kuru malzemeleri dökün. Karıştırıcıyı düşük hıza getirin ve kuru malzemeler tamamen karışana kadar karıştırın. Gerekirse kasenin kenarlarını kazıyın. Karışım, kurabiye hamuru gibi kalın ve cıvık olmalıdır.

Karışımı hazırlanan kek kalıbına alın ve üzerini düzeltin. Tavayı plastik sargı ile sıkıca örtün ve gece boyunca soğutun.

Karışımı tavadan kaldırın. 10 bara dilimleyin.

Jöle rulo tepsisinin üzerine bir silikon pişirme matı yerleştirin ve protein çubuklarını üstüne yerleştirin.

Topingler için:

Protein çubuklarının üzerine biraz eritilmiş çikolata gezdirin, ardından doğranmış krakerleri yapışmaları için üstüne bastırın. Kalan çikolatayı krakerlerin üzerine gezdirin.

Sertleşene kadar (~1 saat) soğutun. Protein çubuklarını tek tek plastik sandviç poşetlere sarın ve saklamak için buzdolabında saklayın (~1 hafta tutar, ancak simit ilk birkaç gün en gevrek olacak... o yüzden yiyin!).

Verim: 10 Protein Bar

97. Güçlü Protein Barları

İçindekiler:

- 128g (½ su bardağı) Doğal Kavrulmuş Fıstık Ezmesi
- 240g (1 su bardağı) Şekersiz Vanilyalı Badem Sütü
- 160g (½ su bardağı) Organik Karamel Sos
- 1 çay kaşığı Vanilya Kreması Aromalı Sıvı Stevia Özü
- 147g (1 su bardağı, paketlenmiş) Vanilyalı Kahverengi Pirinç Protein Tozu
- 120 gr (1 su bardağı) Fıstık Unu
- ⅛ çay kaşığı Tuz
- 12oz (3 bardak) Kavrulmuş Fıstık

Parşömen kağıdı ile 8x8" bir kek kalıbını hizalayın. Kenara koyun.

Çırpıcı aparatı olan elektrikli bir stand mikser kabına fıstık ezmesi, badem sütü, karamel sosu ve stevia özü ekleyin. Kuru malzemeleri hazırlarken düşük hızda karıştırın.

Orta boy bir karıştırma kabında protein tozu, fıstık unu ve tuzu birlikte çırpın. Stand mikserini kapatın ve kuru malzemeleri dökün. Karıştırıcıyı düşük hıza getirin ve kuru malzemeler tamamen karışana kadar karıştırın. Gerekirse kasenin kenarlarını kazıyın. Karışım, ıslak bir kurabiye hamuru gibi kalın, cıvık ve hafif yapışkan olmalıdır.

Karışımı hazırlanan kek kalıbına alın ve üzerini düzeltin. 1 saat buzlukta bekletin.

Karışımı tavadan kaldırın. 12 çubuk halinde dilimleyin, ardından 24 şerit elde etmek için her bir çubuğu uzunlamasına ikiye bölün.

Fıstıkları geniş bir tabağa ekleyin. Şeritleri tamamen kaplamak için protein şeritlerini fıstıkların içine bastırın. Kenarları yuvarlamak ve fıstıkların tamamen yapışmasını sağlamak için her şeridi birkaç kez yuvarlayın. Protein çubuklarını tek tek plastik sandviç poşetlere sarın ve saklamak için buzdolabında saklayın (~1 hafta saklanır.

Verim: 24 Protein Bar

98. Dinamik Protein Barları

Protein Barları:

- 128g (½ fincan) Çiğ Hindistan Cevizi Yağı, eritilmiş

- 270g (1 su bardağı + 2 yemek kaşığı) Şekersiz Vanilyalı Hindistan Cevizi Sütü, oda sıcaklığında

- 1 çay kaşığı Hindistan Cevizi Aromalı Sıvı Stevia Özü

- 168g (1¼ su bardağı, hafif paketlenmiş) Vanilyalı Esmer Pirinç Protein Tozu

- 36g (¼ su bardağı) Hindistan Cevizi Unu

- ⅛ çay kaşığı Tuz

- Çikolata-Hindistan cevizi Kaplama:

- 6 oz Bittersweet Çikolata (%70 kakao), eritilmiş

- 64g (¼ fincan) Ham Hindistan Cevizi Yağı

Protein Barları için:

Parşömen kağıdı ile 8x8" bir kek kalıbını hizalayın. Kenara koyun.

Çırpıcı aparatı olan bir elektrikli stand mikser kabına eritilmiş hindistan cevizi yağı, hindistan cevizi sütü ve stevia özü ekleyin. Kuru malzemeleri hazırlarken düşük hızda karıştırın.

Orta boy bir karıştırma kabında protein tozu, hindistancevizi unu ve tuzu karıştırın. Stand mikserini kapatın ve kuru malzemeleri dökün. Karıştırıcıyı düşük hıza getirin ve kuru malzemeler tamamen karışana kadar karıştırın. Gerekirse kasenin kenarlarını kazıyın. Karışım, kurabiye hamuru gibi kalın ve cıvık olmalıdır.

Karışımı hazırlanan kek kalıbına alın ve üzerini düzeltin. Tavayı plastik sargı ile sıkıca örtün ve gece boyunca soğutun.

Karışımı tavadan çıkarın ve yumuşaması için 10 dakika tezgahta bekletin. 12 bara dilimleyin.

Jöle rulo tepsisinin üzerine bir silikon pişirme matı yerleştirin ve protein çubuklarını üstüne yerleştirin.

Çikolata-Hindistan cevizi Kaplaması için:

Hindistan cevizi yağını eritilmiş çikolataya karıştırın.

Büyük bir kaşıkla eritilmiş çikolatayı protein çubuklarının üzerine koyun. Tüm çubuğu çikolatayla kaplamaya çalışın, ancak mükemmel olması gerekmez.

Sertleşene kadar (~1 saat) soğutun. Protein çubuklarını tek tek plastik sandviç poşetlere sarın ve saklamak için buzdolabında saklayın.

Verim: 12 Protein Bar

99. İkili Protein Barları

Protein Barları:

- 96g (6 yemek kaşığı) Ham Hindistan Cevizi Yağı, eritilmiş
- 270g (1 su bardağı + 2 yemek kaşığı) Şekersiz Vanilyalı Hindistan Cevizi Sütü, oda sıcaklığında
- 1 çay kaşığı Hindistan Cevizi Aromalı Sıvı Stevia Özü
- 1 çay kaşığı badem özü
- 168g (1¼ su bardağı, hafif paketlenmiş) Vanilyalı Esmer Pirinç Protein Tozu
- 36g (¼ su bardağı) Hindistan Cevizi Unu
- ⅛ çay kaşığı Tuz
- 48 Bütün Badem
- Çikolata-Hindistan cevizi Kaplama:
- 6 oz Bittersweet Çikolata (%70 kakao), eritilmiş
- 64g (¼ fincan) Ham Hindistan Cevizi Yağı

Protein Barları için:

Parşömen kağıdı ile 8x8" bir kek kalıbını hizalayın. Kenara koyun.

Çırpıcı aparatı olan bir elektrikli stand mikser kabına eritilmiş hindistancevizi yağı, hindistan cevizi sütü, stevia özü ve badem özü ekleyin. Kuru malzemeleri hazırlarken düşük hızda karıştırın.

Orta boy bir karıştırma kabında protein tozu, hindistancevizi unu ve tuzu karıştırın. Stand mikserini kapatın ve kuru malzemeleri dökün. Karıştırıcıyı düşük hıza getirin ve kuru malzemeler tamamen karışana kadar karıştırın. Gerekirse kasenin kenarlarını kazıyın. Karışım, kurabiye hamuru gibi kalın ve cıvık olmalıdır.

Karışımı hazırlanan kek kalıbına alın ve üzerini düzeltin. Tavayı plastik sargı ile sıkıca örtün ve gece boyunca soğutun.

Karışımı tavadan kaldırın. 12 bara dilimleyin. Bir dizi badem yapmak için her protein çubuğunun üstüne 4-5 badem bastırın.

Jöle rulo tepsisinin üzerine bir silikon pişirme matı yerleştirin ve protein çubuklarını üstüne yerleştirin.

Çikolata-Hindistan cevizi Kaplaması için:

Hindistan cevizi yağını eritilmiş çikolataya karıştırın.

Büyük bir kaşıkla eritilmiş çikolatayı protein çubuklarının üzerine koyun. Tüm çubuğu çikolatayla kaplamaya çalışın, ancak mükemmel olması gerekmez.

Sertleşene kadar (~1 saat) soğutun. Protein çubuklarını tek tek plastik sandviç poşetlere sarın ve saklamak için buzdolabında saklayın.

Verim: 12 Protein Bar

100. Çikolatalı Protein Barlarının Ölümü

Protein Barları:

- 128g (½ su bardağı) Kavrulmuş Badem Ezmesi
- 270g (1 su bardağı + 2 yemek kaşığı) Şekersiz Vanilyalı Badem Sütü
- 1 çay kaşığı Vanilya Kreması Aromalı Sıvı Stevia Özü
- ½ çay kaşığı Doğal Tereyağı Aroması
- 168g (1¼ bardak, hafif paketlenmiş) Çikolatalı Kahverengi Pirinç Protein Tozu
- 80g (⅔ su bardağı) Yulaf Unu
- 20g (¼ fincan) Şekersiz Doğal Kakao Tozu
- ¼ çay kaşığı Tuz

Çikolatalı Pasta Kaplaması:

- 230g (1 su bardağı) Sade, Yağsız Yunan Yoğurt
- ½ çay kaşığı Vanilya Kreması Aromalı Sıvı Stevia Özü
- 10g (2 yemek kaşığı) Şekersiz Doğal Kakao Tozu

Çikolata Kaplama:

- 8 oz Bittersweet Çikolata (%70 kakao), eritilmiş
- ¼ fincan Mini Yarı Tatlı Çikolata Parçaları

Protein Barları için:

Parşömen kağıdı ile 8x8" bir kek kalıbını hizalayın. Kenara koyun.

Çırpıcı aparatı olan bir elektrikli stand mikser kabına badem yağı, badem sütü, stevia özü ve tereyağı aromasını ekleyin. Kuru malzemeleri hazırlarken düşük hızda karıştırın.

Orta boy bir karıştırma kabında protein tozu, yulaf unu, kakao tozu ve tuzu karıştırın. Stand mikserini kapatın ve kuru malzemeleri dökün. Karıştırıcıyı düşük hıza getirin ve kuru malzemeler tamamen karışana kadar karıştırın. Gerekirse kasenin kenarlarını kazıyın. Karışım, kurabiye hamuru gibi kalın ve cıvık olmalıdır.

Karışımı hazırlanan kek kalıbına alın ve üzerini düzeltin.

Çikolatalı Buzlanma için:

Küçük bir kapta Yunan yoğurdu, stevia özü ve kakao tozunu birlikte çırpın. Protein çubuklarının üzerine yayın. Tavayı plastik sargı ile sıkıca kapatın ve 1 saat dondurucuda bekletin.

Karışımı tavadan kaldırın. 12 bara dilimleyin.

Jöle rulo tepsisinin üzerine bir silikon pişirme matı yerleştirin ve protein çubuklarını üstüne yerleştirin.

Çikolata Kaplaması için:

Büyük bir kaşıkla eritilmiş çikolatayı protein çubuklarının üzerine koyun. Tüm çubuğu çikolatayla kaplamaya çalışın, ancak mükemmel olması gerekmez. Üzerine çikolata parçalarını serpin.

Sertleşene kadar (~1 saat) soğutun. Saklamak için, bir kek kaidesinin üzerine bir yaprak parşömen kağıdı yerleştirin, üstüne protein çubuklarını yerleştirin ve bir kek kubbesi ile örtün.

Verim: 12 Protein Bar

ÇÖZÜM

En iyi tatlı barları genellikle lezzet katmanlarına sahiptir ve birçok varyasyona sahiptir, olasılıklar sonsuzdur, bakalım neler bulabileceksiniz!

Tatlı barları ayrıca arkadaşlarınız ve aileniz için gerçekten güzel bir Noel hediyesi veya diğer özel gün hediyeleri olabilir. Kim ev yapımı tatlı barlarla dolu, güzelce dekore edilmiş bir paket almak istemez ki? Bu şimdiye kadarki en iyi hediyelerden biri olabilir! Oldukça uzun bir raf ömrüne sahiptirler ve birkaç gün önceden pişirilebilirler. Plastik sargıya sıkıca sarılırsa dondurucuda da saklanabilirler.

Bu yemek kitabı ile misafirlerinizi kesinlikle başka bir kare yemek için geri gelmek isteyeceksiniz!

www.ingramcontent.com/pod-product-compliance
Lightning Source LLC
Chambersburg PA
CBHW070649120526
44590CB00013BA/886